优秀少先队辅导员
的八项修炼

谢金土 连榴英 编著

中国轻工业出版社

图书在版编目（CIP）数据

优秀少先队辅导员的八项修炼/谢金土，连榴英编著. —北京：中国轻工业出版社，2010.11（2024.1重印）
ISBN 978-7-5019-7798-7

Ⅰ.①优… Ⅱ.①谢…②连… Ⅲ.①中国少年先锋队-辅导员-工作 Ⅳ.①D432.51

中国版本图书馆CIP数据核字（2010）第157477号

保留所有权利。非经中国轻工业出版社"万千教育"书面授权，任何人不得以任何方式（包括但不限于电子、机械、手工或其他尚未被发明或应用的技术手段）复印、拍照、扫描、录音、朗读、存储、发表本书中任何部分或本书全部内容，以及其他附带的所有资料（包括但不限于光盘、音频、视频等）。中国轻工业出版社"万千教育"未授权任何机构提供源自本书内容的电子文件阅览、收听或下载服务。如有此类非法行为，查实必究。

责任编辑：吴 红　　责任终审：杜文勇
策划编辑：吴 红　　责任校对：刘志颖　　责任监印：吴维斌

出版发行：中国轻工业出版社（北京鲁谷东街5号，邮编：100040）
印　　刷：三河市鑫金马印装有限公司
经　　销：各地新华书店
版　　次：2024年1月第1版第5次印刷
开　　本：720×1000　1/16　印张：13.5
字　　数：145千字
印　　数：11001—13000
书　　号：ISBN 978-7-5019-7798-7　定价：26.00元
读者热线：010-65181109
发行电话：010-85119832　010-85119912
网　　址：http://www.chlip.com.cn　http://www.wqedu.com
电子信箱：1012305542@qq.com
如发现图书残缺请拨打读者热线联系调换
232181J5C105ZBW

推 荐 序

伴随着祖国改革开放的步伐，我国的少先队组织不断发展，辅导员队伍日益壮大，少先队在亿万少年儿童的健康成长中发挥了不可替代的重要作用。

辅导员是少先队组织的核心力量，是促进少年儿童健康成长、快乐成才的关键因素。近年来，在各级党政领导和教育部门的重视、支持下，少先队辅导员队伍建设不断加强，广大少先队辅导员、志愿者辅导员紧紧围绕少先队的根本任务，高举星星火炬队旗，团结、教育、引领亿万少先队员从小热爱党，听党的话，坚定跟党走的信念。全国各地少先队组织以创新求实的精神，积极探索辅导员队伍建设及管理的新措施、新办法，不仅提升了广大辅导员的专业素质和综合能力，也从多角度促进了辅导员群体和个体的成长，使他们走上了崭新的发展之路——专业化建设。

"少先队辅导员专业化"这一命题，是社会发展的新形势对少先队工作提出的新要求，也是少先队辅导员自身发展的目标和方向。

团中央第一书记陆昊同志曾在全国少工委五届五次全委会上明确指出："辅导员队伍是少先队最为重要的工作力量，决定着我们工作的成效"；要"研究整个少先队辅导员成长的职业生涯、职业路径、职业发展道路……"；"各级少先队组织要加强对少先队辅导员的关心、爱护和培养"。陆昊书记的讲话既是对新的历史条件下辅导员队伍建设提出的新要求，同时也指明了辅导员专业化建设的研究和发展方向。

关注当代辅导员的自身成长和专业发展，满足他们强烈的人生追求和对职业规划的愿望，丰富他们多姿多彩的生活和情趣，展现他们风格各异的智慧和才华，让他们相互影响、共同探索，快乐地为少先队员服务，迅速地在少先队事业中成长成才，是新时期辅导员队伍建设的重要使命。

当十多万字的《优秀少先队辅导员的八项修炼》书稿摆在我面前，我认真仔细翻阅，不由得感到兴奋和欣喜。因为这部著作既谈到了成长为一名优秀少先队辅导员的基本路径，又紧贴工作实际，充满了理性思考，读来让人心中充满了对成为一名优秀辅导员的渴望和激情。

该书较科学、理性地总结出了少先队组织教育、队前教育、阵地建设、小干部培养、活动建设、文化建设、品牌建设及辅导员专业提升等诸多理论和策略，而这些专业知识恰是一位优秀少先队辅导员不可或缺的基本素质和修养。作者凭借多年的工作经验和理论研究，在书中为工作在第一线的少先队辅导员提供了非常翔实、操作性较强的理论指导和实践策略。而且该书思路开阔，语言生动，案例鲜活，阐述透彻，具有一定的实用性、指导性和可读性。该书既是年轻辅导员走上专业化之路的基础读物，也是中年辅导员总结经验，走向成功的引领之作。这是一本适合全体少先队辅导员阅读的培训和自学教材。

辅导员是一种职业，更应该是一门专业。

辅导员应该是一个具有一定专业知识和服务理念的职业群体，该群体需要经过严格训练和持续修炼才能获得其专业知识和专业技能。

修炼是一种对完美的追求，修炼是一种对卓越境界的追求；修炼是一种自我提升的策略，修炼是实现"辅导员专业化成长"的必由之路。

加强辅导员队伍建设必须坚持辅导员队伍的专业化培养，探索其专业化发展之路，提升广大辅导员的政治素质和专业水平，只有这样才能保证辅导员队伍的可持续发展，最终实现少先队事业的繁荣和蓬勃发展！

是为序。

中国少先队工作学会辅导员专业委员会副主任

团中央《辅导员》杂志社总编

柯　英

2010年5月8日于北京

目 录

第一项修炼　奏响孩子心灵的华彩乐章
　　——辅导员如何指导开展组织教育……………………1

中国少年先锋队是一个有着鲜明的组织目标、先进的组织理念、严密的组织结构、明确的组织作风、严明的组织纪律的少年儿童群众组织。加强少先队组织教育一直是少先队的根本任务。

一、少先队组织教育的基本内容………………………………1
二、少先队组织教育的原则和方法……………………………15

第二项修炼　让少先队成为孩子们美丽的向往
　　——辅导员如何指导建队工作……………………25

队前教育使儿童第一次对少先队有了系统的了解与直观的感受。认真做好建队工作是每位少先队辅导员的光荣使命，需要我们用发展的眼光、创新的手段提炼出最精粹的内容，让少先队成为孩子们美丽的向往。

一、坚持全童入队方针…………………………………………25
二、队前教育的内容……………………………………………27
三、建队工作的方法……………………………………………29
四、入队后延续教育……………………………………………45

第三项修炼 为培养未来的人民公仆做准备
　　——辅导员如何指导小干部队伍建设…………49

　　长期以来，广大少先队员在担任少先队小干部的过程中受到了教育，得到了锻炼，提高了素质。加强少先队小干部队伍建设是促使少先队工作全面活跃的重要环节。

一、少先队小干部队伍建设的理论视角与价值探讨……50
二、少先队小干部推选的基本原则……………………51
三、少先队小干部培养的基本策略……………………55

第四项修炼 为孩子们搭建七彩的舞台
　　——辅导员如何指导阵地建设………………65

　　少先队阵地建设在整个少先队教育中占有非常重要的地位，它是少先队活动的依托，是少先队教育社会化的有效途径之一，是培养少年儿童创新精神和实践能力的重要课堂，更是少先队工作"常态化"实施的一项重要的"基础设施建设"。

一、少先队阵地的功能…………………………………65
二、少先队阵地的分类…………………………………67
三、少先队阵地建设和管理的基本策略………………83

第五项修炼 活动，献给孩子们的精神大餐
　　——辅导员如何指导开展少先队活动………89

　　少先队活动是少先队教育的基本途径和方法，是少先队教育的主要手段。丰富多彩、自主参与的队活动能使少年儿童陶冶情操，扩大视野、增长才干，在集体中自我教育、相互教育，张扬个性，全面发展。可以说，少先队活动是少先队工作的灵魂。

一、少先队活动策划的基本原则………………………90
二、少先队活动主题的生成技巧………………………112
三、少先队活动资源的开发策略………………………128

第六项修炼　营造生命成长的温馨空间
　　——辅导员如何指导少先队文化建设…………………**137**

　　少先队文化强烈的震撼力、凝聚力和感召力，铸就了让所有人刻骨铭心的少先队队魂。加强少先队文化建设也是进一步加强少先队自身建设，使少先队组织更具吸引力、凝聚力和影响力，整体提升少先队工作的需要。

　　一、少先队文化的育人功能……………………………………138
　　二、少先队文化的基本要素……………………………………139
　　三、打造少先队文化的五大策略………………………………144

第七项修炼　魅力少先队是这样形成的
　　——辅导员如何指导创建少先队工作品牌……………**159**

　　企业通过创建品牌，在市场竞争中获得生存、发展的空间。少先队组织要提高自身的地位，扩大社会影响力，实现可持续发展战略，也需要用心打造足以让队员与少先队工作者引以为傲的品牌，实行品牌战略。

　　一、少先队品牌规划的四个结合………………………………159
　　二、少先队品牌塑造的基本策略………………………………161
　　三、少先队品牌的精彩展示……………………………………168

第八项修炼　为星星火炬打好"底色"
　　——辅导员如何有效提升专业素养……………………**179**

　　少先队辅导员是少先队事业的支架和基础，是提升少先队工作质量，促进少年儿童快乐成长、全面发展的关键和保证。作为辅导员，我们要十分重视在学、思、行中锤炼和提升自身的专业素养，不断夯实自己的专业基础，用专业素养来塑造自己。

　　一、当好少先队员的亲密朋友和指导者…………………………180
　　二、架构专业发展规划……………………………………………182
　　三、让阅读成为一种生活状态……………………………………185

四、"经验+反思=成长" ·· 189
五、笔尖,应该流淌着思想的声音 ···················· 193
六、研究,也可以很快乐 ·································· 198

主要参考文献 ·· 203

后　　记 ·· 205

第一项修炼

奏响孩子心灵的华彩乐章

——辅导员如何指导开展组织教育

中国少年先锋队是一个有着鲜明的组织目标、先进的组织理念、严密的组织结构、明确的组织作风、严明的组织纪律的少年儿童群众组织。组织性是少先队的本质属性，组织能力是少先队的根本能力。加强少先队组织教育一直是少先队的根本任务。

少先队组织教育的内涵极其丰富，核心内容和要求是培养少先队员的组织意识、组织观念、组织情感以及服务组织的能力。辅导员要熟知少先队组织教育的基本内容，遵循少先队组织教育的基本规律，使队员热爱自己的组织，珍惜红领巾的荣誉。

一、少先队组织教育的基本内容

少先队的组织教育要求队员能按照《中国少年先锋队章程》（以后简称《队章》）的精神去学习和生活，因此，《队章》中的主要内容就是少先队组织教育的基本内容。主要包括少先队性质和任务的教育，少先队历史的教育，少先队基本知识的教育，少先队组织制度的教育。

（一）少先队性质和任务的教育

1. 少先队的重要地位

（1）中国共产党是少先队的创立者和领导者。少先队的领导者是党，是由党在革命斗争中创建、领导逐步发展而来。党以"中国少年先锋队"这一称号命名少先队的组织，是为了教育少年儿童学习先锋，沿着中国共产党开辟的道路勇敢前进。新中国成立后，共青团受党的委托直接领导少先队，少先队和共青团从组织上说是两个独立的群众组织，同属党的领导，党创建了中国少年先锋队，把领导少先队的任务交给了共青团。我们要牢固树立"少先队是党领导的"这一观念。

（2）党委托共青团直接领导少先队。党委托共青团领导少先队，是在1949年1月《中国共产党中央委员会关于建立中国新民主主义青年团的决议》中明确规定的。切实地担负起领导少先队的工作是党赋予共青团的光荣任务，也是共青团的优良传统。少先队的重大决议都是由共青团的代表大会决定的，历次全国少先队会议的召开都是由团中央主持领导的。

（3）少先队是学校教育的得力助手。1979年10月，第六次全国少先队工作会议的工作报告和总结报告中明确地肯定：少先队是整个少年儿童教育事业中的一个不可缺少的重要部分。1983年10月30日，共青团中央和教育部联合颁发《关于小学少先队工作几个问题的补充规定》的文件，再一次指出"少先队组织是整个少年儿童教育事业中不可缺少的一个重要组成部分，也是学校教育的得力助手"。

少先队是一个由党委托共青团领导的独立自主的少年儿童组织。可是少先队组织的成员同时又是学校的学生。因此，党和国家对学生的要求，同样也是少先队组织对队员的要求，少先队教育又具有独特的功能，是学校教育的得力助手。

（4）辅导员要明确自己的地位和责任。共青团通过聘任辅导员，实行"全团带队"的方针，从而实现了党对少先队组织的具体领导。而同时学校辅导员又是由教师兼任，中队辅导员一般都由班主任兼任，因此，辅导员具有双重身份。辅导员一定要认清角色，准确定位，明确责任。你所要关注的不仅仅是对少年儿童知识技能上的传授，更要将党对少先队员的关怀与教育进行传达、组织和体现。这就需要我们每一位少先队辅导员必须具有较强的政治敏锐性。在学校里，辅导员更要主动地、紧密地依靠党组织的领导进行少先队的工作。要发挥好少先队作为学校教育的得力助手这一作用。

2．少先队的性质、特征

教育少先队员了解少先队的性质，正确理解少先队组织的政治性、教育性、儿童性、群众性和自主性是少先队组织教育最根本的问题。同时，准确把握少先队的性质，也是少先队辅导员工作的前提和基础。

（1）政治性。少先队作为一个群众性的儿童组织，与一般意义上的儿童组织的根本区别在于少先队具有鲜明的政治宗旨以及深刻革命意义的特殊组织形式。"准备着，为共产主义事业而奋斗"就是少先队组织政治性的集中体现。少先队把共产主义思想教育放在重要位置，并贯穿于全部组织行为中。少先队的共产主义思想教育是基础的、萌芽的，是以爱国主义教育、理想教育、革命传统教育、公民道德教育为基本内容的教育。

（2）教育性。"少先队是少年儿童学习中国特色社会主义和共产主义的学校"，这体现了少先队组织的"教育性"。说明了少先队不是少年儿童的游戏组织，而是一个具有社会职能，特别是教育职能的社会组织。少先队有明确的奋斗目标，它要求少先队员从小树立共产主义的伟大理想，学习革命道理，学习知识，锻炼身体。教育是少先队最重要的社会任务。少先队的教育性，是党创立少先队组织的根本目的。少先队教育是一种特殊的组织教育，它为少年儿童提供了充分的社会生存背景，满足了少年儿童的个人发展愿望。少先队组织的教育性并不是通过说教灌输的，而是通过寓教于乐的活动来体现的。

（3）儿童性。少先队是少年儿童的组织，首先，这个组织中的成员是由6到14周岁的少年儿童组成；其次，少先队有一套符合少年儿童年龄特点的特殊的组织形式，比如鲜艳的红领巾、队旗，各种队活动的仪式都具有鲜明的儿童化特征；再次，少先队是通过一系列适合少年儿童年龄特点的活动来达到教育培养少年儿童的目的。

(4)群众性。少先队组织是我国少年儿童最大的一个有着严密组织结构和运行机制，有着共同的纪律规范，有着一定的组织目标的具有鲜明的少年儿童特点的群众团体。它不是少数"先进"儿童的组织，而是学习先进、学习先锋的少年儿童的群众组织。这一属性决定了我们是要把少年儿童"组织起来受教育"，而不是"教育好了再组织"。

(5)自主性。少先队是少年儿童独立自主的群众组织，队员在队内自己管理自己，自己教育自己，队员是组织的主人，队的全部工作都由队员自己来当家做主，充分体现了自主性的特征。

辅导员在指导少先队工作时要准确把握这五个性质，要把社会主义思想品德教育放在工作首要地位，引导少年儿童依靠和通过他们自己的组织来接受教育与自我教育，充分尊重队的组织，树立队员为主的思想，团结全体，面向全体，按照少年儿童的年龄特点来开展队的工作和活动。

3．少先队的目的、任务

胡锦涛总书记指出："少先队事业的蓬勃发展是党的事业始终保持生机和活力的重要源泉；少年儿童的健康成长是国家和民族永远兴旺发达的希望所在。"他从确保党的事业后继有人的战略高度，指明了少先队的历史使命和历史责任。

(1)开展"五爱"教育，培养少年儿童对党和社会主义祖国的朴素感情。新的历史条件下少先队工作的根本任务是什么，把握好这个问题，基本的依据是《队章》，《队章》中对少先队的目的解读分为两个层面：第一个层面是开展"五爱"教育。这是最基本的层面，与国民教育有共同之处，与《队章》的规定也是一致的。《队章》中讲"五爱"：爱祖国、爱人民、爱劳动、爱科学、爱护公共财物。即教育引导少年儿童从小有爱心，养成良好的道德行为习惯，增强国家意识、科学意识、劳动意识。

第二个层面是培养少年儿童对党和社会主义祖国的朴素感情。少先队是思想性、政治性很强的组织，因此要强调思想层面，特别是要注重党、团、队的组织意识衔接，培养少年儿童对党和社会主义祖国的朴素感情。这也是我们少先队的根本任务，任何时候都不能动摇、不能含糊、不能放弃、不能遗忘，绝不能在五彩缤纷、丰富多彩的活动过程当中丢掉这一根本任务。

(2)争当"四好少年",教育引导少年儿童全面发展。2009年10月13日,在少先队建队60周年之际,胡锦涛总书记发来《致中国少年先锋队建队60周年的贺信》。贺信要求少先队员"争当热爱祖国、理想远大的好少年;争当勤奋学习、追求上进的好少年;争当品德优良、团结友爱的好少年;争当体魄强健、活泼开朗的好少年"。这充分体现出党中央对全国少年儿童的亲切关怀和对少先队工作的高度重视。

"四好少年"的要求深刻、系统,它体现出整体育人的思想,不仅涉及思想、精神、品格,也涉及体魄和性格,既有对少年儿童一贯的要求,又有鲜明的时代特征;既是对少年儿童的要求,促进少年儿童生动、活泼、主动地全面发展,也为少先队组织教育指明了工作方向,使辅导员明确了肩负的重担。我们要把开展争当"四好少年"活动,作为落实少先队根本任务的有效途径,实现培养新时期少年儿童的根本目标。

怎样理解"四好少年"的内涵呢?争当"热爱祖国、理想远大"的好少年,就是要热爱党领导下的社会主义祖国,树立时刻准备着为共产主义事业而奋斗的远大理想;争当"勤奋学习、追求上进"的好少年,就是要为中华崛起而努力学习,敢于实践,天天向上,永不满足,全面提高自身素质;争当"品德优良、团结友爱"的好少年,就是要继承中华民族的传统美德,发扬共产主义精神,实现队员、师生间的团结,学会合作、交往,有爱心,养成良好的行为习惯;争当"体魄强健、活泼开朗"的好少年,就是要加强体育锻炼,注重心理健康,敢于面对困难,勇敢、自信、乐观、坚强,做和谐少年、健康少年、阳光少年、智慧少年,时刻准备着为建设社会主义现代化国家而贡献智慧和力量。

(3)以人为本,维护好少年儿童的正当权益。维护少年儿童的正当权益是少先队组织应当担负的责任。我国自1989年签署了《联合国儿童权利公约》以来,就把维护儿童的权利作为儿童工作的一个重要方面。1992年1月1日,《未成年人保护法》开始实施,少年儿童的权益有了法律的保障。但是由于少年儿童属于弱势群体,成人对少年儿童有着绝对的控制权,所以少年儿童权益侵害问题依然严重,并在新的形势下显示出新的问题。比如:由于学习压力过重等因素而导致少年儿童的睡眠时间无法保障；淫秽网络、网瘾对少年儿童的影响；家庭暴力特别是语言暴力对少年儿童的伤害；少年儿童在家庭中的隐私不被尊重；少年儿童参与社会事务的权利不平衡；少年儿童的兴趣爱好被剥夺等。

面对少年儿童的权益维护，作为少先队组织应利用自身的优势，努力争取社会各界的支持，反映少年儿童的愿望、意见、建议和要求，参与有关少年儿童利益的社会监督，向有关部门提出有关维护少年儿童权益的新建议，运用法律等手段与危害少年儿童权益的行为和思想做斗争，最大程度地维护少年儿童的生存权、受保护权、发展权以及参与权。

针对少先队的各项工作和任务，辅导员要牢牢把握少先队的目的、任务，坚持以人为本，努力做"五者"型的辅导员，即：做少年儿童人生追求的引领者；做少年儿童实践体验的组织者；做少年儿童健康成长的服务者；做少年儿童合法权益的维护者；做少年儿童良好发展氛围的营造者。

（二）少先队历史的教育

中国少年儿童的革命组织，至今（2010年）已经有88年的光荣历史，少先队的历史始终紧紧围绕着中国共产党的发展。

1. 第一次国内革命战争时期的劳动童子团

中国共产党建立的第二年——1922年，江西、湖南边界的安源矿区就建立了儿童团组织。这是党建立的最早的革命儿童组织。1924—1927年大革命时期，在党的关怀和领导下，武汉、广州、上海、湖南等地相继建立了劳动童子团。这是我国第一批少年儿童的革命组织。

劳动童子团采用红领巾作为自己的标志。行的队礼是五指并拢，高举过头。这些都是从当时的列宁少先队那里学来的。他们的口号是："准备着打倒帝国主义！准备着打倒军阀！准备着做全世界的主人！"国产影片《飘扬的红领巾》从一个侧面反映、再现了少先队建队初期的劳动童子团在中国共产党的领导下成长和艰苦奋斗的历程。

从五卅运动到北伐战争，童子团团员活跃在许多城市和乡村。他们打土豪，查烟赌，组织剪刀队和打轿队，专剪土豪劣绅的长袍，专打土豪劣绅的轿子。在城市，他们张贴标语，散发传单，用唱歌、演戏来筹募钱物，支援北伐革命军。1927年大革命失败，劳动童子团同共产党员、共青团员一道转入地下进行秘密斗争。不少童子团团员牺牲在敌人的屠刀下。

2. 第二次国内革命战争时期的共产儿童团和少年先锋队

第二次国内革命战争时期，中国共产党在革命根据地建立了共产儿童团和少年先锋队，规定7—15岁儿童可参加儿童团，15—23岁青少年可参加少年先锋队。当时的儿童团以村为单位建立，有村团长、区团长，还有儿童团中央局。儿童团主要开展扩大红军与归队运动的宣传，反对迷信宣传，积肥，支援、慰劳红军；儿童团员都有"武器"，主要是木枪，也有少量的梭标、红缨枪。少年先锋队是半武装的组织，一手拿锄，一手拿枪，配合红军保卫和发展根据地。他们的口号是"一切为了前线"。他们在反围剿斗争中组织了大规模的参战活动。1933年在江西宁都建立了"少共国际师"，为掩护红军主力转移，在大脑寨一仗中，少共师英勇战斗，胜利完成任务，一半以上的同志牺牲了。以后，少共师跟随红军长征，到达延安时，绝大部分同志都牺牲了。

3. 抗日战争时期的儿童团

抗日战争时期，根据毛泽东的指示，在抗日根据地成立了抗日儿童团，积极加入了抗日救国斗争。抗日儿童团团章上规定的儿童团的任务是：宣传大家打日本；侦察敌情捉汉奸；站岗放哨送书信；拥军优属做好事；学习生产不稍停。

在抗日战争中，儿童团做出了自己应有的贡献，出现了无数可歌可泣的感人事迹，不少儿童团员为革命献出了生命，王二小、张六子便是这些少年烈士的代表。

4. 解放战争时期的儿童团和上海地下少先队

在人民解放战争时期，解放区的儿童团员们开展斗地主、看守浮财、募集粮食、缝制慰问袋等一系列参与土地改革和支援前线的活动。当时在国民党统治区的上海，中共地下组织创办了《新少年报》，在《新少年报》的指导下，开展了"小先生"、"模范少年"和"石榴花"三次儿童运动，并在此基础上形成了一支积极分子队伍，建立了由地下党直接领导的地下少先队组织。他们张贴散发革命传单，开展保护学校活动，帮助解放军侦察敌情，绘制市区地图，做好迎接解放军入城的慰问准备工作等。

5．新中国的少先队

1949年10月13日，中国新民主主义青年团中央委员会按照党中央的指示发布了《关于建立中国少年儿童队的决议》，从此，中国少年儿童有了全国性的统一组织。1950年4月，团中央召开了第一次全国少年儿童工作干部大会。1953年8月21日，"中国少年儿童队"改名为"中国少年先锋队"。少先队在社会主义革命和社会主义建设事业中做出了新的贡献。他们积极参加了土地改革、镇压反革命和抗美援朝三大运动。

20世纪50年代，在国家第一个五年计划的鼓舞下，少先队员们努力学习，渴望为祖国建设贡献力量。少先队员提出开展"小五年计划"活动的倡议，在团中央的支持下，"小五年计划"活动迅速在全国范围内广泛开展起来。少先队员收集废钢铁、拣粮、种植油料作物、饲养小动物，节省零用钱捐献拖拉机。

20世纪60年代，毛泽东发出"向雷锋同志学习"的号召，全国少先队普遍开展了"向雷锋叔叔学习"的活动，他们读雷锋故事，和雷锋比童年，参观雷锋事迹展览，和雷锋班战士通信，做针线包、节约箱、建光荣簿等，在校内外做了许许多多的好事。

"文化大革命"开始后，少先队组织被否定、取消。代之而起的是以批判"走资派"为目标的"红小兵"组织，以唯成分论把大批少年儿童排除在儿童组织之外。直到1976年10月粉碎"四人帮"以后，少先队组织才获得解放。

6．改革开放新时期的少先队

进入社会主义建设新时期以后，1978年10月，团十大宣布了党中央关于我国少年儿童组织恢复"中国少年先锋队"名称的决定。中国少年先锋队重建。团十大一中全会通过了新修改的少先队章程，确定了《我们是共产主义接班人》为队歌。

在社会主义建设新时期，少先队有了许多突破和创造。1984年，全国少工委发起了"全国创造杯少先队活动竞赛"，开展了大规模的创造性活动。各级少先队组织普遍开展了"人人争戴新风尚小红花"、学赖宁、学习"十佳少先队员"、"劳动实践"等教育活动，广大少先队员踊跃参加"我们爱科学"、"红领巾读书读报奖章"等活动，走出校园，走向社会，走向大自然，在实践中增长知识，培养能力，全面发展。

20世纪90年代以来，少先队活动中关于培养少年儿童素质的内容逐渐增强，特别是1994年以来，为配合基础教育从应试教育向素质教育的战略转变，培养少年儿童健康向上的人格意识和初步的生存、发展技能，共青团中央、全国少工委发起了"中国少年雏鹰行动"、新世纪体验教育。

回顾88年来的少先队发展历史，我们深切感受到少先队的发展始终紧贴着党的脉搏，跟党走，时刻准备为实现党的最终目标共产主义而奋斗是少先队最根本的目标。

队史教育是少先队组织教育的重要内容。队史教育就是要经常地、系统地向少先队员讲解中国少年儿童革命组织的历史以及在历次革命运动当中的贡献，介绍在每个历史时期的著名小英雄和少年优秀人物，教育少先队员学习他们的革命精神和爱国主义热情，教育队员继承和发扬少先队的光荣传统。进行队史教育可以激发队员对自己组织的光荣感、自豪感，同时还可以激励队员珍惜荣誉，热爱组织。

（三）少先队基本知识的教育

少先队的基本知识是队名、队旗、队徽、队歌、红领巾、队礼、呼号、作风、誓词等少先队独有的标志性的内容，它并不是一种形式，也不是一种装饰品，而是一种重要手段。它可以形象化地对少年儿童进行共产主义思想道德教育，培养他们的组织性、纪律性、团结友爱的精神和对集体的崇高荣誉感，是作为少先队员必须了解和学会的少先队基本知识。

1. 队名

组织的名称是组织的一面旗帜，是组织的纲领、宗旨、目的、任务的外在体现，是组织文化最外显的标志。开拓少先队队名的含义，进行少先队队名的教育，是少先队组织教育的重要内容。

中国少年先锋队是以"先锋"的名字命名的。"先锋"具有强烈的象征意义、激励和教育作用。所谓"先锋"是指开辟道路的人，是指为了人民的利益冲锋在前面的人。党以"先锋"的称号命名少先队的组织，一方面表明了少先队与共产党的天然的政治上的联系，少先队是社会主义和共产主义的预备队，少先队事业是党的事业的重要组织部分；另一方面是用"先锋"的称号来激励广大少先队员，教育少年儿童从小学习先锋们的伟大榜样，继承他们的事业，做社会主义和共产主义事业的接班人。少先队应该努力把全体少年儿童组织起来，通过少先队的组织和集体活动去教育培养他们"从小学先锋，长大当先锋"，而不是要求队员现在就去起"先锋"作用。

2．队旗、队徽

中国少年先锋队队旗是五角星加火炬的红旗。少先队的队旗是少先队组织的标志。队旗为红色，象征革命胜利，队旗中央的五角星，代表中国共产党的领导，火炬象征光明。队旗寓意着：在中国共产党的领导下，向着光明的未来前进。

少先队员要热爱自己的队旗，在举行集会、队旗出场和退场时，队员应严肃、立正并敬礼。

大队旗，高为90厘米，长为120厘米，旗中心有黄色五角星及火炬（火炬镶黄色边，内为红色）。中队旗，高为60厘米，长为80厘米，一端剪去高为20厘米、底宽为60厘米的等腰三角形，形成一个三角缺口。五角星及火炬（颜色同大队旗）在以60厘米为边长的正方形中心。可用布、绸、缎或其他质地的材料制作。

大队旗

中队旗

1990年10月15日在中国少年先锋队代表大会上通过《中国少年先锋队章程》，确认五角星加火炬和写有"中国少先队"的红色绶带组成队徽。队徽的使用应该庄重、严肃。队的各级代表大会和代表会议的会场应悬挂队徽；少先队队室应悬挂队徽；团委、少工委的会议室可以悬挂队徽；有关少先队的外事场合可以悬挂队徽。队的各级组织颁发的奖状、奖旗、奖章、证书、光荣证和其他荣誉性文件、证件及队的报刊上可以加印队徽。

队徽

3．队歌

中国少年先锋队的第一首队歌由郭沫若作词，马思聪作曲，歌名为《中国少年儿童队队歌》；第二首队歌作于1962年，由周郁辉作词，寄明作曲，是故事片《英雄小八路》的主题歌，原名为《我们是共产主义事业接班人》，1978年被定为中国少年先锋队队歌。每个少先队员必须会熟练地、有感情地演唱队歌。

4．红领巾

少先队员的标志是红领巾。《队章》指出，"红领巾代表红旗的一角，是革命先烈的鲜血染成"。进行少先队员的标志红领巾的教育，首先要让队员懂得红领巾的含义。党以红旗的一角作为少先队员的标志，就是要队员懂得今日的幸福生活来之不易，它是革命先辈用鲜血换来的；少先队员要学习先辈为真理而斗争的精神，继承先辈的事业，发扬光荣传统，准备着为建设祖国，实现美好的理想而奋斗。少先队员佩戴的红领巾分大、小号两种规格，分别是60厘米×60厘米×100厘米，72厘米×72厘米×120厘米。少先队员平时应佩戴规范的红领巾，小学低年级佩戴小号红领巾，小学高年级和中学少先队员佩戴大号红领巾。

经验分享

红领巾的正确佩戴方法为：

(1) 披在肩上边：红领巾的长边折 2 至 3 折后披在肩上，注意不要将红领巾折成长条，还是基本显现三角形，钝角对准脊柱。

(2) 左尖压右尖：两角在胸前交叉，左角压在右角上面；交叉点靠近领口。

(3) 右尖绕一圈：将右角经左角前面拉到右边，左角不动。

(4) 圈里抽出尖：右角经左右两角交叉的中间拉出，右角恰好绕过左角一圈，将右角从此圈中拉出，抽紧。

（张杏云，2009）

5. 队礼

中国少先队的队礼——右手五指并拢，高举头上。少先队队礼的含义是"人民的利益高于一切"。我们党是为人民的利益而奋斗，是代表最广大人民群众的根本利益。作为少先队员也要从小树立"一切为了人民"的信念和行为准则。

队礼是少先队的崇高礼仪。在升国旗、队会举行出旗或退旗仪式、祭扫烈士墓、接受领导检阅等少先队组织的重大的仪式活动中，少先队员都要行队礼。在其他场合下，如学校在早晨执勤岗的设置中也可以安排少先队员献队礼，平时少先队员见到师长，或请求师长讲话、请教问题时，也要先行队礼。作为少先队队礼教育的重要方面，要指导队员掌握正确行队礼的方法。敬队礼时，神情要庄重、严肃，有精神，动作要标准，以表达对国旗、对组织、对他人的尊重。

6. 呼号

呼号是中国少先队特有的仪式。少先队的呼号是少先队的组织纲领与组织成员行动的体现。

"时刻准备着！"这句呼号最初是无产阶级革命导师列宁在一百多年前提出来的。中国共产党领导的第一个少年儿童的革命组织劳动童子团就将列宁的号召作为童子团的呼号，并且结合了中国革命的实际："准备着，打倒帝国主义！准备着，打倒军阀！准备着，做全世界的主人！"新中国成立后，党又把"时刻准备着"五个大字作为呼号，写入队章。

呼号有"呼"和"答"两个部分。呼——"准备着：为共产主义事业而奋斗！"体现了党对少年儿童的要求和少先队的政治方向。答——"时刻准备着！"表达了队员的决心和行动。

呼号一般在队会结束前，由辅导员、党团组织的代表或先进人物代表领呼，而不能由少先队员领呼，呼号时，领呼者面向少先队员，右手握拳举至太阳穴处，拳心向左前方，与人体成45度角；同时，全体少先队员也举起右拳，面对队旗。领呼者："准备着，为共产主义事业而奋斗！"少先队员答："时刻准备着！"领呼者要富有激情，回答要整齐、响亮。

7．作风

少先队的作风，是少先队员学习和生活应有的态度和行为，是少先队组织对队员思想、学习和生活等方面的要求，是队员行为的准则。少先队的作风是少先队文化的隐性表现，体现了少先队的价值观和行为准则，具有极强的教育渗透和文化熏陶作用。《队章》第十条中规定："我们的作风：诚实、勇敢、活泼、团结。"诚实就是说老实话，做老实人，办老实事，也就是实事求是，不说谎，不骗人，实实在在，不弄虚作假。勇敢是为了人民利益，敢于坚持正确的东西，勇于改正错误，敢想，敢说，敢做。活泼不单指队员爱唱爱跳，还有更深的内涵：要思想活跃，性格开朗，有健康的心理素质。团结是指尊敬长辈，保护弱小，富有同情心，同学之间要互相帮助。心里有他人、有集体，要严于律己。

8．誓词

《队章》第十二条中规定："我们的入队誓词：我是中国少年先锋队队员。我在队旗下宣誓：我热爱中国共产党，热爱祖国，热爱人民，好好学习，好好锻炼，准备着：为共产主义事业贡献力量！"

（四）少先队组织制度的教育

少先队的组织区别于成人组织的特殊性在于：由于它是未成年的少年儿童的组织，它既有以优秀团员、青年教师、社会各界少儿工作者等组成

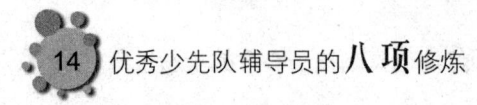

的成人机构,又有以少年儿童为主体的大、中、小队的基层组织。这是少先队组织建设中特殊的组织现象。

1. 少先队的领导机构

《队章》第十七条指出:"全国和地方各级少先队工作委员会,是全国和地方少先队经常性工作的领导机构,由同级少先队代表大会选举产生。全国代表大会原则上每五年召开一次。"

少工委的委员组成要充分体现以团带队,团教共管,社会各界共同关心支持的原则。因为全团带队是党赋予共青团的光荣职责,团的直接领导,为少先队提供了政治保证和组织保证。同时,少先队组织主要组建在学校中,它是学校教育不可缺少的主要助手。学校少先队大、中队辅导员都是教师,接受学校党政领导的统一管理。因此团教两家协调一致、亲密合作是学校少先队工作顺利开展的保障。此外,社区、妇联、关工委、宣传媒体等社会各界的热心人士参与或支持少先队工作,能为少先队提供良好的社会教育与社会辅导的资源。

2. 少先队的基层组织

大队、中队、小队,是少先队基层组织的三个层级,这三个层级一环套一环,是一个整体组织系统,在所有组织建设中处于最基层的小队建设在整个队集体中占有重要地位,然而也是最容易被忽略的环节。小队是少先队组织中处于最基层的基础集体,是少先队员最经常、最直接接触的集体。在小队组织中队员参与率最高,活动的灵活性最大。它是全面实现少先队组织功能的基本单位,大队、中队的组织作用都要落实于小队,工作都要面向小队。通过小队,组织作用才能最经常、最充分地发挥。

大队和中队由民主选举产生的队委会是少先队集体的核心机构,基层组织中要加强队委会以及队干部队伍建设。队委会的选举是队员民主生活中的一项重要工作,也是引导队员参与民主生活,培养民主意识的一个重要途径。每个队员在队里都有选举权和被选举权,可以对队的工作和队的活动提出意见和要求。

二、少先队组织教育的原则和方法

少先队组织教育要充分把握队的性质特征，从少先队的目标任务出发，尊重少年儿童主体，研究适合少年儿童年龄特点的方法和策略。

（一）少先队组织教育要遵循的原则

1. 在组织中进行教育

少先队组织是一个有着严密组织结构和规范的少年儿童的群众组织，少先队员始终在这个组织中进行学习，通过组织教育，提高组织学习能力；少先队是通过组织开展活动，任何一项活动都是依托少先队的大、中、小队的组织来实施的；少先队员在组织中接受教育，在一个整体中，在集体活动中使队员学会认知、学会做人。

2. 在实践体验中教育

实践体验是少先队特有的教育与学习方法。少先队组织教育并不是让队员死记硬背《队章》，而是要通过各种实践——生活实践、娱乐实践、劳动实践、服务实践和创造实践等丰富多彩、生动活泼的活动让队员了解少先队组织、树立集体主义精神，增强少先队荣誉感和责任感，培养良好的道德行为习惯，促进全面发展。

（二）少先队组织教育的方法

少先队组织观念的培养需要用少先队的全部工作和活动来进行。

1. 通过少先队的组织事务来进行教育

少先队的组织事务包括入队、离队、迎新、选举小干部、团的教育等，辅导员要善于抓住这些组织事务来对少先队员进行教育。刚入学的儿童都想早日戴上红领巾，加入少先队。年满14周岁的少年即将离队之际，留恋少先队的生活，又向往加入共青团的组织。少先队员从小学升入中学，需要重新编队、选举队干部，建设新的队集体。在入队、离队、迎新的时候，队员们心情激动，感觉新鲜，积极主动，是进行组织教育的最佳时机。抓住这些契机能使组织教育产生良好的教育效果。

(1) 换巾仪式。换巾仪式是根据少年儿童生理和心理成熟的实际情况而举行的一种队组织观念教育的形式。换巾仪式适合在初中新生中开展，一是让初中队员明确自己的组织身份，很多少先队员进入初中之后会想当然地觉得自己已经不再是一名少先队员，就连许多辅导员也会有这种想法，举行换巾仪式能使初一学生明确自己依然是一名少先队员；二是通过庄严隆重的换巾仪式，激发队员对少先队组织的热爱，增强队员的荣誉感、自豪感、责任感。做好从小学生到初中生的角色转换，迈好青春的第一步。同时，中学少先队要做好队员的队籍的接收转移和管理工作。

"领巾 责任 青春"——上虞春晖外国语学校红领巾换巾仪式

一、活动目的

通过庄严、隆重的换戴大红领巾仪式，再一次地对少先队员进行组织教育，重温入队时的誓词，让少先队员体会到人大领巾大、人大责任大、人大志向大、人大贡献大的新要求，从而激发队员对少先队组织的热爱，对伟大祖国的忠诚，增强队员的荣誉感、自豪感和责任感，从小树立远大的理想，为祖国、为家乡、为集体尽责任！

二、活动对象

初一年级少先队员。

三、活动内容

1. "领巾 责任 青春"换巾仪式

(1) 全体立正；

(2) 出旗，奏乐，敬礼；

(3) 唱队歌；

(4) 收藏小红领巾，将它放入我的成长袋（队籍管理袋），由高年级团员和辅导员为初一新生佩戴大红领巾；

(5) 初一新生代表讲话；

(6) 家长写给孩子的一封信：家长代表读信，辅导员向全体初一新生发信；

(7) 领导寄语；

(8) 退旗。

2．合影留念

3．参观校史陈列馆和春晖名人故居

（吕娜，2009）

(2) 离队仪式。在少先队员已经超过队龄，达到入团年龄时，要做好超龄队员的离队工作，要勉励队员珍惜少先队的荣誉，同时要对超龄队员进行共青团知识的教育，帮助他们认识共青团是先进青年的群众组织。队员离队前，中队委员会要个别征求超龄队员的意见，开列名单，写明姓名，出生年、月、日，送交大队委员会。然后大队委员会吸收有关中队的组织委员参加研究离队工作，决定大队举行仪式的日期，最后大队举行离队仪式，一般可以安排在初二下学期的"六一"节期间举行隆重的离队仪式。

 经验分享

告别欢乐童年，迎接美好青春——城北实验中学少先队员退队仪式

6月1日下午3点整，以"成长、责任、理想"为主题的初二少先队员退队暨新团员入团仪式在学校体育馆正式开始。在鲜红的队旗指引下，在嘹亮的队歌声中，768名队员取下心爱的红领巾，正式向少先队组织告别。退队仪式上，校党支部叶书记首先代表学校向全体队员"告别欢乐童年、迎接美好青春"表示祝贺，她鼓励大家树立新的目标，提高自身素养，文明优雅地走向成熟。初二(13)班退队队员的家长在这具有特殊意义的时刻为自己的孩子送上礼物，并祝愿他在今后的学习中自奋自强、积极上进。退队仪式之后，举行了新团员的入团仪式，新团员代表上台发言，表决心、言壮志，激发了其他同学积极向团组织靠拢的愿望。

（杜莹波，2009）

(3) 推优入团。《中国共产主义青年团章程》规定："中学共青团组织应

加强对少先队员入团前的培养教育,少先队组织应积极推荐优秀少先队员作团的发展对象。"推优入团是共青团赋予中学少先队组织的一项光荣任务。推优入团工作要根据不同年级队员的身心特点,制定优秀少先队员评比标准,鼓励少先队员自定目标,由中队委员会召开民主评议会,民主评议产生并报请团组织进行考察。被推荐的队员可以到学校少年团校学习培训,进行系统的共青团知识教育和社会实践活动。可指定团员或辅导员担任被推荐对象的培养联系人。"推优入团"后的团员因为年龄未满14周岁的要保留队籍,参加学校共青团和少先队组织的各项活动,佩戴红领巾和团徽。

经验分享

北京市中学"推优入团"的做法

推荐对象:

中学少先队优秀队干部、优秀少先队员、三好学生、雏鹰行动积极分子、学雷锋标兵等,经过少年团校或中学生团校少年班的学习,获得结业证书;年满13周岁。

推荐步骤:

(1)少先队中队委讨论提出推荐对象、填写推荐表,报大队委员会。

(2)大队委员会进行审核后,签署意见向团组织推荐。

(3)由学校团委或班级团支部做好考察发展工作。

推荐程序:

(1)被推荐对象汇报本人简历、学习及工作情况,谈对团组织的认识,表达入团的愿望及动机。

(2)推荐对象的培养联系人报告推荐对象的情况及自己的意见。

(3)听取队员、辅导员对推荐对象的意见。

(4)中队委员会报告对推荐对象的审议意见。

(5)与会队委就推荐对象能否推荐入团进行讨论。

(6)采取举手表决、无计名投票方式进行表决。

(改编自:《少先队活动大全》,2009)

2．利用少先队的礼仪感染来进行教育

少先队礼仪感染是指用队旗、红领巾、队歌、队礼、呼号、宣誓、鼓号音乐、队服、队长标志等少先队特有的礼仪，以及用这些礼仪综合组成的各种仪式，来教育感染少先队员的一种特殊的组织教育方法。少先队的礼仪感染是以生活美、艺术美、礼仪美去感染少先队员。因为少先队的礼仪具有形象性，星星火炬加红旗的大队旗，红旗一角的红领巾，右手五指并拢高举过头的少先队礼，右手握拳呼号、宣誓等都具有形象性，是少先队员们看得见、听得着、能触及、可感受的形式。队歌的坚定奋进、朝气蓬勃，鼓号音乐的雄壮激情催人奋进是艺术美；队旗、红领巾、队服、队长标志、队礼是仪表美，少先队礼仪就是这些特有的标志礼仪综合起来的，以形象产生感情，以感情感染教育少先队员。这种感染是潜移默化的。

少先队的仪式一般可以分为三种：新队员入队仪式、少先队活动或会议仪式、少先队检阅仪式。

经验分享

少先队活动或会议仪式（简称队会仪式）

少先队的大、中队活动或全体会议一般都应该举行队会仪式。举行仪式前，要先集合列队，报告人数，然后举行仪式。

队会仪式如下：

(1) 全体立正；

(2) 出旗，奏乐，少先队员敬礼；

(3) 唱队歌；

(4) 队长讲话，宣布活动开始；

(5) 进行活动（此时，旗手可把队旗放置在旗架上，然后和护旗手一起回队参加活动）；

(6) 辅导员讲话；

(7) 呼号；

(8) 退旗，奏乐，少先队员敬礼；

(9) 仪式结束。

 **经验分享**

少先队检阅仪式

举行检阅仪式前，集合列队，报告人数（全大队举行检阅式可免去小队长向中队长报告人数，只由各中队长向大队长报告人数，大队长向大队辅导员报告人数，并"请给予指导"）。

检阅仪式程序如下：

(1) 全体立正；

(2) 出旗，奏乐，少先队员敬礼；

(3) 唱队歌；

(4) 检阅开始（队长跑向主席台，向检阅人做礼节性报告，请他们检阅队伍。主要检阅人致简短的礼节性答词，祝检阅成功，或对少先队员提出希望。接着进行分列式）；

(5) 进行其他内容的活动（如有讲话可在这里进行）；

(6) 呼号；

(7) 退旗，奏乐，少先队员敬礼；

(8) 检阅仪式结束。

 **经验分享**

少先队礼仪是少先队教育的重要形式与载体，江苏省扬州市邗江实验学校创造性地设计了"以仪式教育为载体，实施中小学团队一体分层思想教育"的体系：一年级，"今天我入队了"——光荣入队仪式；二年级，"我们都是好朋友"——手拉手结对仪式；三年级，"金色少年"——十岁成长仪式；四年级，"自主服务最快乐"——队长就职仪式；五年级，"心中有榜样"——英雄中队命名仪式；六年级，"感恩母校"——毕业典礼仪式；初一，"红领巾随青春飞扬"——红领巾换巾仪式；初二，"闪闪团徽伴我行"——十四岁青春奠基仪式；初三，"敬好最后一个队礼"——少先队离队入团仪式；高一，"步入青春

门"——十六岁成人预备期宣誓仪式;高二,"我是光荣的志愿者"——成长预备期宣誓仪式;高三,"天下兴亡我有责"——十八岁成人仪式。团队组织教育融入礼仪教育之中,层次鲜明,衔接自然,生动形象,富有实效。

(华耀国,2008)

3. 巧借少先队的集体建设来进行教育

少先队组织教育的基本原则是培养集体主义精神。优秀的少先队集体是集体主义精神的摇篮。建设少先队的优秀集体,是少先队组织教育的基本途径和方法。一个优秀的少先队集体必须具备四个条件:

第一是具备合理的共同目标,目标是吸引凝聚队员的磁场,一个优秀的队集体需要有一个符合少年儿童,具有激励性、操作性,充满童趣、难度适中的合理的目标。

第二是建设自动化的小干部队伍,少先队小干部是少先队组织的"火车头",要让队员经过真正民主的程序选举小干部,并通过队长学校培训、小干部轮换制等方法提高队干部的工作能力和工作的自主性。

第三是开展丰富的集体活动。要开展符合队员兴趣的竞赛性、合作性的活动,避免行政化、成人化、包办化。活动要发挥队员的独立性、主动性和创造性。

第四是培养健全的集体舆论。健全的集体舆论是少先队集体的一种教育力量,要通过宣扬集体生活中的好人好事、建立舆论宣传阵地、组织民主生活、抓好先进评选、开展一事一议一评等方法来培养健全的集体舆论,树立少先队集体中的正气之风。

快乐中队建设方案

一、目的

建立和谐班队集体,促进良好队风队纪的形成,营造快乐的成长空间,以队员为主体,通过自我教育的形式,促进队员良好习惯的养成。

二、原则

1. 自主性原则

快乐中队创建的主人是少先队员。要吸引中队的每一个成员都参与本中队的集体建设，让人人有服务、出力的岗位，人人都投入。

2. 创造性原则

让中队队员自己来寻找快乐、追求快乐和创造快乐。少先队员不能坐等快乐、享受现成的快乐，而应成为快乐的创造者，不应只有自己的快乐，而要为他人、为大家创造快乐。

3. 和谐一体化原则

快乐中队的建设要让队员在课内和课外获得快乐，依靠班主任、课任教师和家长为中、小队创造快乐活动，创设和谐的氛围，提供快乐的空间。

三、步骤

1. 快乐的奋斗目标（个性特色）

队员通过讨论确定中队队名、目标、标志、快乐公约（具体可行），制订快乐的行动计划。

2. 快乐的干部选举

中队建立中队和小队两级组织，民主选举领导人。中队长和小队长要有就职演说，小队有自己的快乐宣言。师生拟定各种岗位，自主确定人选（可考虑轮换的形式），使学生各尽其能。

3. 快乐的活动

活动分为娱乐活动和学习探究活动两类，让学生在活动中体验快乐，收获知识。

4. 营建快乐的环境和阵地

开发和创设中队环境资源，营造积极向上的中队氛围，建立班级博客。

5. 快乐的评价

采用积极有效的评价方式（如积分、奖励活动等），促进良好班风队风的形成。

6. 快乐的积累

建立快乐中队集锦册，收集活动中的文字、图片、学生作品等，留下学生快乐的成长足迹。

（张梅姣，2008）

4．依托少先队的教育阵地来进行教育

少先队在长期的教育实践中，创建、完善和发展了各种服务于少先队的教育阵地。少先队阵地是少先队教育的物质依托，少先队阵地建设是少先队文化的生动载体，少先队阵地教育是少先队组织教育的重要特色。我们要十分重视少先队阵地建设，充分发挥少先队教育阵地的作用，依托教育阵地进行形象生动的组织教育。如，重视标准少先队队室建设，在队室悬挂四代领导人给少先队的题词，布置好队徽、呼号、队歌、队史、队的作风等相关内容，向队员进行有关少先队组织的政治文化等教育；在队室为少先队小干部参与少先队组织管理留出较大空间，培养队员的民主参与意识与能力。发挥少先队宣传阵地的作用，调动音、像、网络等多种手段，向队员进行生动形象的少先队基础知识教育。我们还应十分强调，要让广大队员参与少先队阵地的建设与管理，倡导"人人有岗位、个个尽责任"，推广"竞聘制"、"承包制"等新型管理方式，培养队员对组织的光荣感、责任感。

5．着眼党团队的组织衔接来进行教育

党团队组织意识衔接的教育是少先队教育的核心任务。2009年2月召开的全国少工委五届五次全委会强调指出："作为一个思想性、政治性很强的组织，少先队要强调思想层面，特别要注重党、团、队的组织意识衔接，非常重要的是灌输培养少年儿童对党和社会主义祖国的朴素感情。"进行党团队组织意识衔接的教育对少先队员而言，在于让广大少年儿童明确少先队与党团组织的政治联系，增强少先队员的光荣感、责任感，增强少先队的组织意识；在于进一步激发对党、团的热爱，增强热爱党的朴素感情，逐步确立起听党的话，跟党走中国特色社会主义道路的信念；在于增强他们对党、团组织的向往，在队员的心田播下入队——入团——入党的政治理想的种子，树立起时刻准备着，为中国特色社会主义和共产主义贡献力量的政治理想。

📖 经验分享

江苏省扬州市少工委在构建中小学共青团少先队分层教育体系方面，率先进行了探索，他们的初步做法，也许对大家有所启示。他们制定的"中小学团队分层思想教育内容"，依据队员年龄特点，遵循少年儿童思想道德形成的知情意行的发展规律，参照《少先队辅导员工作纲要》，科学规划各年级少先队与共青团组织教育的重点：一年级，队名和队的标志的教育；二年级，队的创立者和领导者、少先队光荣历史、少先队的榜样等教育；三年级，启动手拉手活动，进行队礼教育，深化入队誓词教育；四年级，创设服务岗位，创建红领巾社团，进行队的作风和队的主人意识教育，深化队歌教育；五年级，深化队的目的（五爱）教育，强化队旗、队徽和队的礼仪观念；六年级，深化呼号教育，进行队的责任（维权）意识教育，深化少先队光荣感教育；初一，中小学少先队工作衔接，强化少先队员组织意识，进行团的性质和入团目的的教育；初二，进行少先队与共青团衔接教育，强化共青团员标准及共青团员义务的教育；初三，开展团员模范意识教育，增强共青团员的光荣感和责任感，增强共青团员带队的意识与能力；高一，做好初高中团组织衔接，加强团员先进性教育，进行团的权利和义务的教育；高二，普及中学生党校，进行团员的政治、组织意识教育；高三，做好推优入党工作，进行团员的模范意识和党的基本知识的教育等。九年乃至十二年的少先队与共青团以及党的分层组织教育，循序渐进，引领少年儿童走好由合格少先队员到光荣共青团员的成长历程，培养向往党的组织、做一名共产党员的理想。

（华耀国，2008）

加强少先队组织教育，实现党团队组织意识的有效衔接，任重道远，我们要积极探索，勇于创新，努力在理论和实践层面都取得更多的实质性进展，以不断增强少先队教育的影响力和凝聚力，为党的事业培养合格接班人。

第二项修炼

让少先队成为孩子们美丽的向往

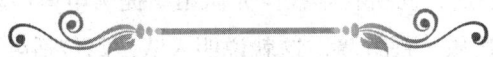

——辅导员如何指导建队工作

当入学的孩子第一天来到校园时,除了新鲜的环境、亲切的老师和热情的小伙伴让他们感到兴奋,还有大同学胸前飘扬的鲜艳的红领巾,升旗仪式时庄严的队礼……也在吸引着孩子们的眼球,让他们从内心迸发出一种强烈的愿望:我要加入少先队。这是他们对少先队最原始和朴素的向往与追求,也是辅导员开展建队工作最好的动力。

对新入学的孩子进行队前教育,引导、带领和帮助他们组织起来开展生动活泼的集体活动,在愉快的集体生活中团结教育他们,帮助他们了解少先队,提高入队的自觉性、积极性,并以入队为动力,争取入队前在某一方面有所进步,以保证未来的新队员、新干部有较好的素质,这就是少先队建队工作的光荣任务。

一、坚持全童入队方针

少先队组织是我国少年儿童最大的一个有着严密组织结构和运行机制,有着共同的纪律规范,有着一定的组织目标的具有鲜明的少年儿童特点的群众团体。它不是少数"先进"儿童的组织,而是学习先进、学习先锋的少年儿童的群众组织。这一属性决定了我们是要把小朋友们"组织起来受教育",而不是"教育好了再组织"。因此"组织起来进行教育"是少先队重要的指导思想,"全童入队"是少先队组织发展工作的重要方针,《队章》第十一条对入队的条件讲得很清楚:①年龄在6周岁到14岁的少年儿童;②自己愿意参加,向所在学校少先队组织提出申请;③愿意遵守队章,并在入队前为人民做一件好事。这就说明入队是每位适龄儿童的权利,而不是作为辅导员评价孩子优秀与否的手段。

1955年前建队初期,少先队组织发展缓慢。1955年全国有队员1000万,只占当时队龄儿童的13%,占在校队龄儿童的26%。全国50万所中小学,只有15.6万所学校建立了队组织。1955年5月,在党中央的关怀下,团中央制定了"积极地、大量地发展"的方针。此后十年,多数中小学建立了少先队,队组织不断发展壮大,但是由于受传统儿童观的影响,"调皮儿童"入队难,入队率始终在50%左右。1965年4月,共青团九届二中全会提出了"把全体少年儿童组织起来"的组织方针。8月,中共中央书记处讨论了少先队组织的发展方针,当时任书记处总书记的邓小平同志指出:凡是7岁到15岁的少年儿童,都编入队的组织……经过一年多的努力,到1966年"六一"国际儿童节,全国队员数达到1亿,比1965年4月的5000万翻了一番。十年动乱期间,"全童入队"的组织发展方针被诬蔑为"修正主义的全民队",当时成立的红小兵大搞唯成分论,强调所谓出身好的儿童才能加入组织,对许多少年儿童来说,组织的大门又被关上了。1979年10月,第六次全国少先队工作会议上,重新恢复了"把全体少年儿童组织起来"的方针,1981年8月,共青团十届三中全会又做出决议,进一步提出:"今后,少先队组织的发展工作,要在小学一年级新生中集中一段时间进行《队章》教育,在他们有了入队的要求,履行入队手续后,选择有教育意义的节日,集体宣誓入队,做到一年级即把全体适龄儿童组织起来。"随后,全国各级少先队组织全面贯彻"全童入队"的少先队组织发展方针,一批批少年儿童光荣地加入中国少先年锋队,队组织蓬勃发展。2005年6月3日全国第一次少代会通过的《队章》规定:"凡是6周岁到14周岁的少年儿童,愿意参加少先队,愿意遵守队章,向所在学校少先队组织提出申请，经批准，就可成为队员。"

从根本上说，全童入队的组织方针符合少年儿童的心理特点和成长规律，符合少先队的性质和任务，符合广大少年儿童和家长的愿望。

二、队前教育的内容

队前教育的内容可概括为"入队十知道"：①知道队的名称，理解"先锋"的意义，了解先锋们的光辉业绩。②知道队旗是五星加火炬的红旗，了解它的意义。③知道队的标志是红领巾，了解红领巾的意义，学会系红领巾，爱护红领巾。④知道怎样敬队礼以及队礼所表示的意义。⑤知道队的呼号是什么。⑥知道要加入少先队首先要提出申请，可以写申请书，也可以口头申请，应学会写申请书。⑦知道入队的时候要为人民做一件好事。⑧会唱队歌。⑨知道入队誓词的内容。⑩知道做个好队员要有"五爱精神"，即爱祖国、爱人民、爱劳动、爱科学、爱护公共财物。

"入队十知道"包含三个层面：

一是认知层面上，要做到"六知"：队名、队旗、队的标志、队礼的意义、队的创立者和领导者、队的作风。

二是操作层面上，要达到"六会"：第一，会写入队申请书。《队章》要求想入队的小朋友应该"向所在学校少先队组织提出申请"，因此，要帮助一年级的学生学会写入队申请书。入队申请书的内容没有统一的规定，只要能表达孩子想挂上红领巾的愿望就行，遇到不会写的字，还可以用图画来表示。当然，最后得签上自己的名字。同时，孩子们如果面对少先队员哥哥姐姐，用口头表达入队的愿望也是可以的。第二，会读入队誓词。要帮助孩子们初步理解誓词的含义，记住三个"热爱"，两个"好好"，一个"准备"。宣誓教育可以结合入队的准备工作进行，带领他们熟读，并告诉孩子们，在宣誓末了读到"宣誓人"时，紧接着要大声说出自己的名字。第三，会正确佩戴红领巾。从一开始就要教会孩子们正确佩戴红领巾的方法。第四，会行规范的队礼。第五，会唱队歌。第六，会呼号。

三是行为层面上,要实现"一做":为集体或他人做一件好事。还有些可以延伸为学一项本领,努力改正一个缺点等。

 经验分享

中国少年先锋队入队申请表

_____市_____小学_____年级_____班 学号_____

申请人		性别		出生年月		照片
籍贯		民族		特长爱好		

申请书

我申请加入_____。中国少年先锋队是中国共产党创立和领导的中国少年儿童的群众组织。党委托中国共产主义青年团直接领导少先队。我愿意佩戴鲜艳的_____。红领巾是红旗的一角,是革命烈士的鲜血染成的。戴上红领巾,我要遵守队的章程,为红领巾增添新的荣誉。要"勤奋学习、_____、全面发展",努力成长为社会主义现代化建设需要的合格人才,做共产主义事业的接班人。

申请人:_____
年 月 日

中国少年先锋队××学校 大队委员会意见	 年　月　日(盖章)

(连榴英,2009)

三、建队工作的方法

（一）建立队前组织

为适应低年级儿童的要求和年龄特点，队前教育应采取"先组织起来，开展活动"的方法。建立队前儿童组织（即儿童团）对于开展队前教育有着重要的意义。儿童团附属于少年先锋队，是少先队的预备队，以一年级新入学儿童为主体。儿童团制定一整套的儿童团章程来作为指导：制定儿童团的名称、领导、目标、标志、呼号等。当儿童了解了儿童团的基本知识后，在少先队代表大会上举行隆重仪式，正式加入儿童团。儿童团长由少先队大队部委派，儿童团员经过一段时间少先队的基本知识学习，做好入队准备后，少先队大队选择一个统一时间举行隆重的入队仪式。儿童团的教育，从组织上保证了教育管理的层次化。这一组织归属少先队领导，但又有自己的章程，自成体系，并在教育内容、活动方式等方面相互联系，这就在组织上实现了教育管理的层次化，避免了大小"一刀切"。实践结果表明，这样的做法受到儿童的欢迎，效果显著。队前儿童组织的名称和形式，可由少先队大队根据本校特点和儿童的爱好自行确定。

有的学校建立的队前儿童组织叫"苗苗儿童团"。他们在红旗上设计"小树苗"图案作为儿童团旗帜，表明在组织里苗壮成长的心愿。他们编写儿童团歌，佩戴绿领巾作为标志。

有的学校叫"小松树儿童团"。松树的特点是不怕艰难，经得起风雨，表达了孩子们要像小松树那样快快长成材。

有的学校叫"大雁儿童团"。针对孩子们学习畏难和不守纪律的特点，要求了他们向大雁学习，刻苦学知识，自觉守纪律。

也有的学校叫"小蜜蜂儿童团"。蜜蜂的特点是：勤劳、勇敢、团结、清洁。少先队结合《小学生守则》的教育，要求孩子们学习小蜜蜂，争做好儿童，以实际行动争取入队。

 经验分享

"小红星"儿童团

一、标志

小红星:小红星能使孩子们形象地意识到自己是党的孩子,要从小热爱党,跟党走。现在是小红星,在五角星上加上火炬就成为少先队员,在五角星外加上一圈就是共青团员,以后在红星的指引下,还要争取加入中国共产党。

二、章程

"五爱一准备",即"爱红星、爱师长、爱同学、爱集体、爱劳动,准备加入少先队"。小红星的章程,也是对一年级孩子进行集体主义教育的要求,是孩子们自我教育的目标。

三、活动

"乘上小火箭,飞向火炬城"的假想飞行活动。

活动第一阶段:"红星号"火箭启航。大队委员会宣布各中队来领导"小红星",帮助他们开展建队工作,制定飞行路线。

第二阶段:飞向雷锋站。以"五爱一准备"为序,系列性地讲雷锋的故事,并开展"哪里有小红星,哪里就有小雷锋"的活动。

第三阶段:飞向春花站。利用春天的大自然景色,开展赏花(春游)、种花、开花、献花(送给学雷锋行动中表现好的人)与展花(办展览会)活动。

第四阶段:到达火炬城。按《队章知识讲话》上好五节队课,开展"六个一"活动,即学一遍队章,讲一个先锋的故事,唱一首队歌,做一件好事,争取一点进步,写一份入队申请书。在"六一"国际儿童节举行入队仪式,让孩子们高高兴兴地戴上红领巾。

(段镇,2008)

（二）委派"小辅导员"

队前教育由少先队大队部统一领导，由高年级中队具体帮助，同他们结成"友谊中队"（班），派"小辅导员"去帮助队前组织开展活动，做好宣传教育工作，并帮助他们入队，建立中队。这样做不仅符合低年级儿童的愿望，而且对高年级队员也是很好的锻炼。

小辅导员与儿童团员年龄相仿，彼此兴趣和爱好相近，思想与感情容易沟通，能发挥教师所不能替代的作用。但是，建立小辅导员制决不意味着中队辅导员责任的放松，而是辅导"大孩"教"小孩"，同时又让"大孩"在教"小孩"的过程中实现自我教育。这样便形成了中队辅导员精心辅导小辅导员、大小辅导员合力教育儿童团员茁壮成长的双层辅导链。

小辅导员的主要任务有：

（1）代表少先队组织做好迎接一年级新生入学的"迎新"活动：熟悉校园环境，了解学校情况，结识新的伙伴，克服害怕认生的心理，尽快地融入和适应小学生的学习生活。

（2）帮助一年级学生建立队前组织，带领他们开展丰富多彩的活动。

（3）帮助他们逐步学会自己的事情自己做。如学会扫地、排课桌、整理书包、布置教室等。

（4）宣传队章，上好队课。这是每个儿童团员重要的学习内容，使每个孩子在入队前都能了解"入队十知道"。

（5）以故事会的形式进行少先队的历史教育，讲先锋的故事、少先队的光荣历史和传统。教育他们从小学习先锋的榜样，长大当先锋。

（6）教他们学会唱队歌、系红领巾、行队礼、写入队申请书等入队的基本技能。

（7）关心他们的学习和生活，经常和他们谈心，成为他们的知心朋友。

（8）做好新队员入队工作，建立新队员档案，帮助他们建立小队，开展小干部竞选。

（9）组织自己中队的队活动并请一年级的队员前来观摩学习。

小辅导员制度为少先队员提供了锻炼的机会和施展才华的舞台。其一，少先队真正担负起了儿童团的领导责任，角色转变，带来了少先队员的光荣感、自豪感和责任感；其二，在活动中，培养了少先队员的独立工作能力，包括组织管理能力、口语表达能力、交往能力；其三，培养了少先队员的创新精神和实践能力。儿童团的活动是丰富多彩的，而且必须符合低年级儿童的特点，这就要求少先队员在组织活动中不断创新。小辅导员们要为讲好一节课共同策划游戏、奖励方式，制作电脑课件，甚至自制奖品和礼物。这一过程锻炼和培养了一大批善于合作、有能力的少先队员。

（三）进行队课教育

我们还可以通过生动活泼的队课来进行队前教育。队课要讲得生动活泼，应当掌握三个结合：讲动结合、讲议结合、讲做结合。

一是讲动结合。辅导员的讲解应同有趣多样的活动相结合。要使队课的活动内容丰富多彩，每堂课的活动方式都应有所不同，让儿童保持新鲜感。可以采用的方式有：

（1）讲故事。一年级孩子很爱听故事，因为故事具有吸引人的情节、生动的人物形象，有优美的艺术语言、深刻的教育意义。孩子在听故事的过程中不仅能增长知识，还能受到深刻的教育，培养良好的品德和个性。辅导员可以讲《鸡毛信》、《在烈火中永生》、《雷锋》等故事。

（2）舞蹈歌唱。这是一年级儿童教育中必不可少的重要手段。一首经典的歌曲可以传达主题思想，激发孩子们的美好情感，增强教育的效果。通过演唱《歌唱二小放牛郎》了解抗日战争时期"抗日儿童团"的光荣事迹。通过演唱《卖报歌》，歌颂解放战争时期"地下少先队"的光荣事迹。

（3）课本剧表演。孩子们爱看戏、演戏。戏剧是形象、直观、立体的教育手段。可以组织儿童进行课本剧的表演，让他们通过表演达到教育的目的。

（4）做游戏。孩子们喜爱游戏，尤其对于一年级的小朋友来说，玩还是他们生活中的主要内容。通过游戏模拟生活和工作，在游戏中认识事物，处理与他人、集体的关系。

(5) 参观访问。参观学校的队室、校史陈列室、乡贤纪念馆等教育阵地，走访老红军老革命，通过这种形式让孩子们同实际生活、真人真事、实物接触获得直观的感受与体验。

二是讲议结合。辅导员的讲解要同孩子们的讨论结合起来。上队课不单单是由老师讲授，更重要的是学生要主动学，教师的作用要充分体现在引导学生发挥学习的主动性、积极性上。

三是讲做结合。要贯彻"知行结合"的原则，把提高孩子的道德认识同养成良好的行为习惯结合起来。比如在进行"五爱"教育时，学习了"爱人民"这一条以后，可发动小朋友自愿捐献自己心爱的书本玩具，送给西藏的小朋友，作为增进民族友谊的礼物。

（四）开展争章活动

《少先队辅导员工作纲要（试行）》确定了一年级的雏鹰争章项目：准备入队章。它是结合一年级的入队前教育与发展新队员的工作内容而设置的一个激励方式。奖章激励的方式对一年级的小朋友是非常具有吸引力的，"准备入队章"既是他们入队前的努力目标，也是队前教育的基本内容和基本要求。同时亦可作为入队的一个标准，让广大小朋友戴着"准备入队章"高高兴兴地加入少先队。"准备入队章"获章标准：①上队前教育课，知道少先队的队名、队旗、队徽、红领巾、队礼的含义，队的领导者和作风。②会写入队申请书，会读入队誓词，会戴红领巾，会行队礼，会唱队歌，会呼号。③做一件好事，并说出自己的体会。不同学校也可以根据自己组建的儿童团特色以及儿童团章程设置奖章和争章标准。

争章实施步骤：

(1) 定章——在新生入学后，向新生展示奖章、明确标准。首先要展示奖章：针对一年级的学生，美丽的图案、精致的奖章对他们的吸引力是强大的。准备入队章的图案是以雏鹰的翅膀环绕成圆形，里面是一条鲜艳的红领巾，奖章材质可根据各校的实际情况来选择，一般可以用印章、即时贴制成奖章印贴在争章栏、争章簿上，也可用刺绣、塑料、铝等材料制成奖章佩戴在胸前。其次要明确获奖标准，辅导员要将获章的标准用一年级孩子可以理解的语言以及可操作的量化标准加以明确,获章标准可以张贴在教室醒目位置让每个学生时刻牢记。

(2)争章——引导新生制订争章计划,辅导新生开展争章活动。根据准备入队章的争章目标和要求,辅导队员可设计系列活动:

经验分享

"在先锋的旗帜下"活动方案

活动名称	活动目的要求
在先锋的旗帜下	知道少先队队名、了解中国少年先锋队的含义
红领巾飘起来	认识少先队的标志,知道红领巾的含义,了解红领巾的来历
我们是共产主义接班人	掌握少先队基本技能"六会"中的会唱队歌的要求
我想加入少先队	掌握少先队基本技能"六会"中的会写入队申请,会读入队誓词,会呼号,知道少先队的作风,为加入少先队做好充分准备
我们都来做好事	做一件好事,并说出自己的体会,理解人民的利益高于一切

活动目的:

让学生知道少先队队名,了解中国少年先锋队的含义,知道少先队是以先锋为榜样,时刻准备着争做合格建设者和接班人。

活动形式:

实践活动、故事会。

活动准备:

准备不同时期先锋的事迹、联系革命烈士陵园、先烈故居等。

活动过程:

1. 找先锋

(1)组织观看电影《在烈火中永生》、《红孩子》等革命故事片,了解先锋的事迹。

(2)参观革命烈士陵园或先烈故居等,追寻先锋的足迹。

(3)通过访问父母、亲友或查找资料了解先锋的事迹。

2. 学先锋

(1)辅导员介绍中国少年先锋队组织的名称和含义。

(2) 举行先锋事迹故事会。

3. 颂先锋

(1) 演唱《歌唱二小放牛郎》，歌颂抗日战争时期"抗日儿童团"的光荣事迹。

(2) 演唱《卖报歌》，歌颂解放战争时期"地下少先队"的光荣事迹。

(3) 辅导员小结：先锋是为人类开辟道路、为人民利益走在前头、不怕牺牲的人。党把少年儿童的组织以"先锋"命名，就是要每一个少先队员都"学习先锋们的榜样，继承革命先行者的事业，做革命接班人"。让我们一起喊出少先队组织的名称："中—国—少—年—先—锋—队！"

活动建议：

(1) "找先锋"这一环节应根据各地、各校的实际灵活开展。

(2) 先锋范围应有所拓展，可包含近百年来中国历史上的民族英雄、革命先烈、时代先锋和先进模范人物等。

辅导员应注意，以"先锋"命名少先队组织主要是让孩子了解和学习先锋的事迹，而不是要求他们必须成为先锋。

"红领巾飘起来"活动方案

活动目的：

在辅导员和联谊中队的小辅导员指导下掌握少先队基本技能"六知、六会"中的认识少先队的标志、知道红领巾的含义、了解红领巾的来历。学会佩戴红领巾，懂得少先队员应该佩戴和爱护红领巾。

活动形式：

中队会。

活动准备：

每人准备一条红领巾。辅导员准备队旗、队徽。培训小辅导员正确佩戴红领巾。

活动过程：

1. 爸爸妈妈入队时

(1) 听爸爸妈妈讲入队时的故事。

(2) 看爸爸妈妈戴红领巾的照片。

2. 光荣的标志

(1) 认标志：认识红领巾、队旗、队徽。

(2) 探标志：①介绍红领巾的来历和意义；②介绍队徽和队旗的含义。

(3) 看谁红领巾戴得好：①讲解佩戴红领巾的要领；②学唱少先队儿歌《我把领巾系胸前》；③提出佩带和爱护红领巾的要求（少先队员要佩带红领巾，这是热爱少先队组织的表现；少先队员要爱护红领巾；怎样爱护红领巾）。

"来吧，让我们一起唱队歌"活动方案

活动目的：

在辅导员的帮助下，进一步掌握少先队基本技能——"六会"中的"会唱队歌"，继续为加入少先队做准备。

活动形式：

中队会。

活动准备：

(1) 准备好队歌的词谱、音响资料。

(2) 搜集与队歌有关的故事，准备交流。

活动过程：

1. 队歌嘹亮

(1) 活动前，小辅导员组织小朋友开展拉歌比赛，营造欢快的活动氛围。

(2) 辅导员简要介绍《中国少年先锋队队歌》，引导小朋友欣赏队歌明快的节奏、优美的旋律。

2. 故事赛场

快乐的歌声无比嘹亮，一代又一代少先队员在少先队组织中茁壮成长。辅导员引导队员探究队歌的创作故事，并交流与队歌有关的感人事迹。

3. 想唱就唱

(1) 出示队歌的歌词歌谱，辅导员或小辅导员领读歌词。

(2) 看歌词听队歌，看谁学得快。

(3) 请学会的同学唱唱看，对唱不好的地方进行纠正。

(4) 自由练习三分钟，小辅导员进行单独辅导，组织队歌拉练赛。

(5) 辅导员提示：在举行少先队的队会和其他队活动的仪式上，少先队员都要唱队歌。每一个少先队员都应该学会并唱好队歌。

活动建议：

(1) 在活动的过程中，辅导员可以有针对性地对队员进行个别评价和指导。大部分同学的评价可以采用互评和自评相结合的方法进行。

(2) 可以请专职教师利用音乐课或课外活动教唱。

(3) 队歌是少先队文化的核心内容，我们还可以围绕这个主题开展"歌声伴我快乐成长"、"我们是共产主义接班人"等活动，深化教育主题。

"我想加入少先队"活动方案

活动目的：

帮助一年级小同学掌握少先队基本技能"六会"中的会写入队申请、会读入队誓词、会呼号、知道少先队的作风，为加入少先队做好充分的准备。

活动形式：

中队会。

活动准备：

准备好队歌的词谱、音响资料、誓词等。

活动过程：

1. 入队申请我来写

(1) 辅导员通过齐唱队歌、语言描述等方式，调动小朋友加入少先队组织的积极性。

(2) 辅导员介绍申请入队的知识。根据自己的主观愿望，采用书面申请或口头申请等方式，请求加入少先队。

(3) 指导学生按规定格式正确书写《入队申请书》，或指导学生进行入队申请的口头表达。

2. 入队誓词我来念

出示入队誓词，说明宣誓的意义，分句带领小学生练读誓词内容。特别要提醒小朋友在辅导员说"宣誓人"后，需大声报出自己的名字。

3. 入队呼号我来学

（1）介绍呼号。领呼"准备着：为共产主义事业而奋斗！"并回答："时刻准备着！"

（2）学习意义。少先队的呼号体现了党对少先队员的要求，也充分表达了少先队员的理想和决定，前一句"呼"，讲的是理想和目标，后一句"答"，讲的是决心和行动。少先队的呼号是一个简明而又深刻的号召，它说明了少先队的宏大志向，它鼓舞着新的一代成为社会主义、共产主义的建设者和保卫者。辅导员要求队员回答时右手握拳举起，态度严肃，声音响亮。

4. 队的作风记在心

（1）知作风。少先队的作风是"诚实、勇敢、活泼、团结"。

（2）探作风。诚实，就是要说老实话，办老实事，做老实人，不说谎，不骗人。勇敢，是指为了人民的利益，敢于同敌人、同困难做斗争。活泼，主要指思想活跃，敢想敢说。团结，就是在少先队组织里，要有友爱的民主生活，经常开展表扬批评，促进团结，共同进步。

活动建议：

（1）入队书面申请的评价主要看格式是否正确，内容是否清楚。口头申请的评价主要看意思是否明白，语言是否流畅等。

（2）本次活动时间比较紧，活动内容可以根据本中队的实际进行微调，可以分块开展。

"我们都来做好事"活动方案

活动目的：

教会学生正确地行队礼。通过引导学生为他人、为集体做一件好事并能从中体验到快乐，进一步理解队礼的含义：人民的利益高于一切。

活动形式：

实践体验。

活动准备：

事先让学生以自由组合方式分成四人小组，每组一名组长。

活动过程：

1. 人民的利益高于一切

(1) 讲含义。我们的队礼：右手五指并拢，高举头上。它表示人民的利益高于一切。

(2) 敬队礼。第一动：右手五指并拢，直臂向前抬至与肩同高，掌心向左。第二动：右肘开始弯曲，腕不能有旋转或弯曲变化。右手向额头上方移动，成敬礼动作。此时，右手拇指距额头一拳，掌心向左前下方。注意胳膊不能挡住脸。

2. 我们都来做好事

(1) 七嘴八舌话好事。引导学生了解"人民的利益高于一切"中最基本的一点就是"一切为他人着想"，即帮助他人克服困难，解决困难，使别人感到愉快，方便别人，助人为乐做好事。

(2) 助人为乐做好事。引导学生以自由组合方式组成小组，根据目标、按照计划分头在学校、社区做好事。

(3) 记忆瞬间大回放。引导学生交流帮助别人的经历和做好事以后的体会。

活动建议：

(1) 该活动关注学生体验帮助别人的真实感受，明白"助人乃快乐之本"以及"人民的利益高于一切"的含义。

(2) 围绕本主题，我们还可以开展"你有困难吗，让我帮帮你"、"小雷锋俱乐部"等活动。

(摘自：中山少先队网站，http://www.zssxd.com)

(3) 考章——自我展示，民主考评。考章方法灵活多样，有实践、问卷、口答、表演、操作、汇报、展示等。考核中要重视主要模式的多样综合，强调定性与定量结合，模糊与精确结合，日常考察和系统测验结合，他评与自评结合等，在考章过程中，激发队员的上进心、成功感，并求得主动发展。考章时要掌握"考评结合、以考为主"的原则，按自我鉴定、个人申报、能力演示、民主评定四个步骤进行。

考章可因人而异，分批进行，队员在经过一段时间的争章活动之后认为已达到争章标准可自己提出考章要求。那么，由谁来考章？可以考虑自评——互评——考评。自评也就是由自己来评定自己是否已经达到获章要求，互评是小组成员互相进行评定，考评可以由小辅导员、中队辅导员、学科教师、家长等共同参与进行。

能力演示要根据各种能力的性质采取不同的形式。如，属于心智技能、基础知识、思想意识方面的考评，可采取答辩会、辩论会、演讲会、知识竞赛等形式；属于操作技能方面的考评可采取技能表演、大比武、擂台赛、生活实践及服务实践现场赛等形式。

经验分享

奖章快乐营——你准备好了吗
——准备入队章考章活动

活动目的：

根据一年级儿童的特点和"准备入队章"的要求，通过游戏的形式来进行考章。

活动形式：

实践体验。

活动准备：

布置游戏场所、设计考章所需要的材料。

活动过程：

1. 过星星河

设计一条银河，银河中的每一颗星星都隐藏一个队的基本知识问答，需要答对星星上面的问题才能摘得星星，每个队员用随机摘取的形式进行答题，答对一题摘取一颗，必须摘得3颗以上的星星才能过河。（基本知识问答以"六知"为主要内容）

2. 走彩虹桥

设计彩虹桥，里面的每种颜色都代表一个队的知识操作要求，比如：正确佩戴红领巾；正确演唱队歌等。每个孩子都用随机摘取的形式进行现场操

作,评委们现场评定,每正确完成一个操作要求可获得一段彩虹桥,需要获得 3 段彩虹桥拼成完整的彩虹桥,才算过了这一关。(操作要求以"六会"为主要内容)

活动建议:

(1) 通过以上的游戏环节完成"六知六会"的考评,获得的星星和彩虹桥放入个人成长袋中,与其他的争章活动材料一起作为获章的依据。

(2) 在游戏环节里可以邀请小辅导员、联谊中队的大队员组成考评员,负责游戏设计和组织。

(黄宁,2007)

(4) 颁章——及时举行奖章颁章仪式。颁章的形式要丰富多彩、生动活泼,以扩大奖章的影响力,增强奖章的诱惑力,提高队员的荣誉感。一年级的颁章可采用更活泼有趣的形式,比如制作色彩鲜艳、精美的奖章,邀请一些特殊的颁章嘉宾,设计富有童趣的颁章环节。

(5) 护章——教育队员保持和发扬争章活动的收获与进步。在达到基础奖章的同时,各校还可以根据队前教育的实际情况,增设特色奖章。

(五)举行入队仪式

少先队入队仪式对一年级的新生来说是加入少先队,成为一名少先队员第一次重要的组织教育,隆重的入队仪式能增强新队员对组织的感性认识,有利于激发队员对少先队集体的热爱,对红领巾的热爱,并以作为一名少先队员为荣,提高学习和活动的积极性。可以说,一次隆重而有意义的入队仪式会在孩子今后的一生中都留下深刻的印象。因此,在举行入队仪式时要注意以下几个方面:

一是要注重面向全体新队员。入队仪式是每个新队员必须经历的重要组织仪式。它不像小干部竞选、少先队代表大会等是部分队员参与的组织生活,因此在举行仪式时要注重面向全体队员。很多学校在组织新队员入队仪式时是分批举行的,往往是第一批入队的孩子比较受重视,仪式也举行得很隆重,等第二批、第三批孩子入队时程序则能减就减,有时连最基本的程序都省略了。对于这些孩子来说，他们根本没有感受到入队仪式的神圣与庄重，没有红领巾挂在胸前的那一刻的光荣感，何谈去教育他们热爱少先队、热爱红领巾呢？因此，在举行入队仪式时，建议学校在统一时间举行全童入队仪式，前期可采用争章活动进行激励。这里就需要辅导员转变意识，要认识到"加入少先队"是每个孩子的权利，而非一种奖励的措施。

二是要注重发挥家长的作用。在孩子入队过程中，要充分发挥家长的作用，依靠少先队组织的作用，充分把家庭教育、学校教育同以儿童为主体的集体自下而上的自我教育和相互教育结合起来。孩子加入少先队也是家长期盼的，每个家长看见自己的孩子戴上红领巾成长的那一刻都是心情激动的。因此，在新队员入队的时候要邀请家长共同来参与和见证孩子的成长。通过隆重的入队仪式使家长也得到一次少先队仪式的感染，从而进一步指导孩子在少先队中的学习与发展，支持孩子参与各类少先队活动。

三是仪式活动要规范又创新。入队仪式有一定的程序，一般有：

(1) 全体立正，出旗。

(2) 唱队歌。

(3) 授巾——由高年级友谊中队的队员为新队员授红领巾。

(4) 宣誓——新队员入队宣誓，可由学校大队长领誓。

(5) 授旗——大队委员会宣布某某中队成立，大队委代表授中队旗(中队长接旗后交给旗手，站在中队前)。

(6) 就职——大队委代表宣布中队委员会名单，授予队干部标志；提出希望和要求，中队干部代表表达理想和决心。

(7) 聘请辅导员——学校共青团组织聘请中队辅导员，授聘书和红领巾；提出希望和要求；辅导员代表讲话，表决心。

(8) 大队辅导员祝贺讲话。

(9) 呼号。

(10) 退旗。

(11) 仪式结束。

仪式举行时要规范，但既要遵循规范的仪式程序，同时又要展示自己学校独特的创新活动。比如：有些学校会在入队仪式中融合新队员的风采展示，邀请家长、辅导员或社会人士讲述自己的少先队故事，家长赠送特殊的入队礼物，新老队员手拉手，我入队后的第一件事等。

经验分享

红领巾之歌——浙江华维文澜小学少先队员入队仪式方案

活动地点：学校体育场

活动时间：10月30日

参加人员：所有学生（随带椅子）、教师及一年级学生的家长、大队干部

活动安排：分为宣传准备阶段和活动仪式阶段

一、宣传准备阶段

（1）对所有少先队员进行爱国、爱校、爱家的教育。

（2）在各中队进行队知识的普及，让文澜的少先队员们更好地了解队知识，同时加强队的礼仪指导，使少先队员能勤奋学习、快乐生活、全面发展。

（3）新队员入队前进行鼓舞、宣传，使我们的新队员能在鼓励声中一步步走来，更快乐、幸福、难忘地加入少先队组织。

二、活动仪式阶段

（一）静态——真我风采

书写乐园——一年级学生拼音书写展。

涂鸦王国——一年级学生美术展。

快乐瞬间——一年级学生学习生活照片展。

数学乐园——一年级学生数字书写展。

（二）动态——红色之歌

1. 队仪式

（1）全体立正。

（2）出旗、奏乐、少先队员敬礼。

（3）唱队歌。

2. 新队员入队

(1) 新队员分别入场进行展示并授予新队员标志——红领巾。

一(1)、一(8)中队队员进场并表演诗歌朗诵,请爷爷奶奶辈代表和礼仪队大队员为新队员挂红领巾。

一(2)、一(3)中队队员进场并表演集体舞,请爸爸妈妈代表礼仪队大队员为新队员挂红领巾。

一(4)、一(5)中队队员进场并表演朗诵三字经,请学校领导和礼仪队大队员为新队员挂红领巾。

一(6)、一(7)中队队员进场并表演儿歌联唱,请辅导员代表和礼仪队大队员为新队员挂红领巾。

(2) 宣誓(请市少先队总辅导员领誓)。

(3) 新队员家长赠送有意义的礼物。

(4) 学校领导代表学校赠送礼物。

3. 建立新中队,聘请辅导员

(1) 宣布新中队成立。

(2) 授予中队旗(请老辅导员为新建立中队授中队旗)。

(3) 宣布学校新中队辅导员名单,发聘书,新中队辅导员风采展示。

4. 学校领导讲话

5. 呼号

6. 退旗

(周梅,2009)

这一入队仪式方案有几大亮点:一是全童入队,面向全体。每一个孩子都在同一天举行入队仪式,每一个新队员在活动中都能进行展示,哪怕是唱一首歌,朗诵一首诗,跳一段舞,真正做到了面向全体队员。二是全员参与,整合资源。在活动中,校领导、家长、辅导员以及社会各界人士积极参与,成为活动资源。由家长、辅导员、大队员代表为队员挂红领巾。由校领导、家长赠送有意义的礼物,邀请老辅导员授中队旗带领新队员宣誓等。将各种资源都整合在活动中,做到了全员参与。三是做到静态与动态结合，立体展示队前教育成果。活动中既有前期的队前教育成果以图片等静态形式加以体现，又有活动中新队员现场的表演，呈现立体感。

四、入队后延续教育

孩子们入队后，应该让他们继续了解少先队，系统地了解队的奋斗目标、队的光荣历史、队的思想作风，并重温入队誓词，以达到不断地增强他们的组织观念的目的。结合低年级队员的发展特征，辅导员要重点引导和帮助少先队员了解少先队的发展历程、认真参加少先队员的组织活动，进一步加深他们对少先队光荣历史、队的创立者和领导者的理解，为自己是一名少先队员而自豪，努力做好一名光荣的少先队员。可以通过讲队史，观看相关影视片，开展以热爱红领巾为主题的队会等活动深入进行少先队光荣感的教育，进行党旗、团旗的教育，教育和引导队员热爱中国共产党。

（一）队的知识知多少

组织队员开展"《队章》知识知多少"竞赛，"红旗的一角"、"红领巾胸前飘"主题队会，"我爱红领巾"故事演讲比赛等活动，帮助队员熟知《队章》内容。同时，通过组织少先队员参观队史展览，走进德育基地，在"红领巾"影视剧场观看《安源儿童团》、《小兵张嘎》、《鸡毛信》、《英雄小八路》等影片和相关剧目，以各种形式宣传少先队知识，深入开展少先队知识普及教育。

（二）队的组织同建设

刚入队的队员还未形成一种强烈的组织意识和组织归属感。因此，在入队后的教育中如何迅速在队员中培养队集体的意识非常重要。中队建设应做到组织建设好、活动开展好、阵地建设好。小队建设应做到"自愿组合、合理编队、自取队名、自定目标、经常活动、建立阵地、辅导员自聘"。组建队组织、选举队干部要尊重少年儿童的参与权和民主权，一般采取竞选的办法，可通过设岗定职、按岗自荐、组织竞选、投票表决等步骤选举队干部。

（三）队的活动共参与

中队或小队活动一周安排一次。由于队员年龄小，自主开展活动的能力还较弱，辅导员需要对活动给予全方位的组织和引导。活动形式要尽可能做到小型、灵活、多样；活动主题要贴近队员生活，富有童真、童趣，体现教育意义；活动过程要安全，最好有老师或家长参与辅导；活动范围以学校为主，以社区为辅。

（四）我是自理小能人

自理能力就是自我服务能力。自理能力的培养应从"四自"做起，即"自己的事情自己做，自己的学习自己管，自己的责任自己尽，自己的进步自己争。"可通过举行整理生活、学习用品比赛，交流学习计划和安排等自理技能训练，培养队员的自理能力，利用自理章的激励方式培养队员的独立意识。辅导员要充分发挥实践育人、活动育人的功能，帮助队员设计好情景，组织队员开展丰富多彩的活动。

（五）养成文明好习惯

通过积极创设文明的环境，进行基本礼仪的训练，设立文明监督岗，举办成果展示会等多种途径，帮助队员养成文明好习惯。训练活动一般可以分三步进行：

(1) 制订公约——导行。

(2) 强化训练——促行。

(3) 激励评价——励行。

通过开展争获"文明章"活动，努力把文明礼仪的道德要求内化为队员健康的心理品质，转化为队员良好的行为习惯。辅导员可以组织队员开展"建立中队小宪法"、"做个文明小天使"、"文明礼仪队队行"等活动，以达到"励行"的目的。

经验分享

入队后的教育——二年级队员活动建议

根据《纲要》内容，结合二年级队员特点，辅导员可以开展下列活动。

活动名称	活动目标	具体项目
《队的知识知多少》	帮助队员更加系统地了解少先队历史	1. 走进队室读队史。 2. 快乐对对碰（队史知识竞赛）。 3. 学做小小队史讲解员。
《给我一个大拇指》	帮助队员参与组织共建，通过小干部竞选提高服务能力	1. 了解我们的组织。 2. 认识我们的岗位（了解岗位职责）。 3. 选择岗位我能行。 4. 竞技大舞台（小干部竞选）。 5. 给你一个大拇指（民主评选）。 6. 就职仪式。
《小小阵地显本领》	帮助队员共同参与队的活动	1. 参观手拉手中队阵地建设。 2. 分工合作，自主参与本中队的阵地建设：看一看——快乐岗位显才干；评一评——评选岗位小能手；比一比：谁在阵地建设过程中发挥的作用大；谈一谈——分享成功的快乐；议一议——管理制度大家定。建立定期交流评比制度。
《我是自理小能人》	帮助队员提高自理能力，做到自己的事情自己做	1. 干干净净每一天（自己的事情自己做）。 2. 做时间的小主人（自己的学习自己管）。 3. 爸爸、妈妈请放心（自己的责任自己尽）。 4. 我是读书好儿郎（自己的进步自己争）。 5. 巧手风采展示会（争得自理章、巧手章等）。
《我和文明做朋友》	帮助队员养成文明好习惯	1. 我和文明用语交朋友。 2. 我和小白鸽一起飞。 3. 我和礼貌天天见。 4. 小小文明别动队。 5. 22天养成一个好习惯（争得文明章）。
《共享开心果》	培养队员的集体意识和人际交往能力，通过开展活动帮助队员增强自信，预防心理问题	1. 不一样的你我他。 2. 魔力信心袋。 3. 信心大派送。 4. 镜子里的我。 5. 我是开心果。

少先队建队工作之所以重要，是因为它是儿童第一次对少先队有了系统的了解与直观的感受，是组织建立起来对儿童进行教育的基础。建队工作的成功也意味着孩子跨入少先队第一步的成功，会对今后8年的少先队生活产生良好的影响。认真做好建队工作是每位少先队工作者的光荣使命，需要我们用发展的眼光、创新的手段提炼出最精粹的内容，为孩子的少先队组织教育留下最美好的记忆。

第三项修炼

为培养未来的人民公仆做准备

——辅导员如何指导小干部队伍建设

中国少年先锋队是少年儿童的群众组织,是少年儿童学习、实践的大学校。由少队员担任大、中、小队干部或者在各类社团、阵地中担任管理职务是少先队组织教育的重要方面,是实现少先队员自我教育、自我管理、自我服务的重要途径,也是少先队基层组织建设的重要组成部分。长期以来,广大少先队员在担任少先队小干部的过程中受到了教育,得到了锻炼,提高了素质。可以说,少先队小干部是少先队的核心与骨干,充分发挥少先队小干部的积极作用,有利于建设良好的少先队集体,促进少先队工作的全面活跃。

但是,我们在少先队小干部队伍建设中也发现了一些问题:少先队小干部缺少实践锻炼的机会,很多岗位形同虚设,辅导员包办代替的现象仍然存在;少先队小干部培训工作不够规范,随意性比较突出;少先队干部轮换制流于形式,没有得到真正落实,极少数队干部长期连任,使很多队员无法获得不同岗位的锻炼。

可见,我们必须进一步明确小干部队伍建设的重要意义,进一步加大少先队小干部队伍建设工作的力度,抓好小干部培养任务的落实。

一、少先队小干部队伍建设的理论视角与价值探讨

要加强少先队小干部队伍建设工作，首先要解决观念上的问题，厘清和明确小干部队伍建设的支撑理论。

（一）"体验教育"理论

体验教育是在素质教育的背景下及对少先队教育反思的过程中提出的，体验教育解决的是少先队教育的主体性问题。它一方面强调个体的亲身经历与自我认识，另一方面，在价值观上，又重视人与人的理解与合作，重视人的全面发展。这一教育理念落实在教育行为上，就是要强调受教育者的情感体验与道德体验。"少先队小干部"的价值溯源，就是要让队员在队干部的岗位上获得亲身经历，在与他人交往的过程中获得自我认识。这是一种自我观念和集体观念共同发展和形成的契机，每一个孩子都应该得到这样的机会。

（二）"角色扮演"理论

"角色扮演"是儿童成长过程中不可忽视的一种心理需求。少先队小干部是一种队员普遍向往的角色，满足这种心理需求，并给这些"角色"赋予一定的属性（服务、勇敢、守纪、律己等），这些属性会逐渐内化为孩子的品质与技能，从而实现了受教育者——少先队员的自我教育。

（三）"以人为本"理论

一切教育手段、方法，都应该为教育的主体——全体受教育的人服务。少先队教育要以每一个少年儿童的发展为根本目的，为队员提供均等的机会。"少先队小干部"是一个教育的载体，是少先队组织实现对队员的教育、培养、锻炼和考验的内涵丰富的教育手段。

(四)"自我教育"理论

思想品德形成规律说明，对少年儿童思想道德、行为规范的教育与培养，导行与实践中的自我教育胜于说教。少先队小干部在组织活动时要身先士卒，要以身作则，要学会合作，在这个过程中，小干部将逐渐认可与实施这些规范。让每一个少先队员去接受小干部岗位的自我教育过程，是对队员进行思想品德教育的良好契机。

(五)"民主教育"理论

强化民主意识，建设民主社会，是我们整个社会发展的需求，而从小进行民主教育，是少先队工作必须重视的方面。民主教育的专家提出：民主教育要从娃娃抓起。这是因为，儿童时期正好是一个人可塑性最强的一段时期，如果他们能够在这个时期就接受民主的熏陶，熟悉并且尊重民主，则对今后国家民主制度的推进将起到事半功倍的效果。在少先队领域采用民主选举、竞选上岗，对于发展孩子的民主意识是很有意义的。

二、少先队小干部推选的基本原则

(一) 民主选举的原则

少先队大、中、小队干部的任职，要遵照《队章》规定民主选举产生，原则上小队、中队干部每届任期为一个学期，每个学期选举一次。大队干部每届任期为一个学年，每个学年选举一次。各级队干部任职期满后，要由中队、大队辅导员及时组织进行换届选举。按照队员申请、审核、参选、投票的程序选举产生队干部。中队、小队干部新一届的候选人要坚持在未担任过队干部的队员中产生。原则上，在还有队员未担任过队干部时，已担任过队干部的队员不宜再担任，使担任队干部的机会均等。确因工作需要并经全体队员同意连任的队干部可连任一届。

民主选举对每一个少先队员是一次学习、实践民主和接受集体主义教育的机会。通过少先队民主选举的实践，可使队员的民主意识、民主习惯、少先队以及学校的民主建设等许多方面发生较为显著的变化和发展，使队员的民主意识逐步增强，逐步掌握选举、决策、管理的原则和方法，为其今后参与公民的民主、法制社会建设奠定基础。

民主选举产生新一届大队委员会后，还可以举行少先队大队旗交接仪式。新一届大队长从上届大队长手中接过大队旗，全体大队委员在队旗下庄严宣誓，大队长发表就职演说，标志着新一届大队委员会工作正式启动。我们首先要从仪式上增强他们的荣誉感和责任感。

（二）竞选上岗的原则

当今的社会充满竞争，在队干部的选拔上，我们也可以引入竞争机制。每学年所有的小干部都要参加竞选，通过竞争产生。在尊重少年儿童的参与权和民主权的同时，一般采用竞选的办法选举队干部。队干部竞选上岗的一般步骤是：队员申请——队组织审核——竞选——投票选举。其中，"竞选"环节可以采用多种形式进行，如："说说我的不一样"、"假如我来当队长"、"服务技能大比拼"、"就职演说提前讲"等。选举结束后，应及时公布结果，并填好干部名册上交大队部存档。

经验分享

新颖的竞选

上海市光明初级中学十分重视队干部的选拔和培养，在少代会召开前两个月，我们就做了大量的准备工作。首先成立了由校长、党支部书记、德育教导员、大队辅导员和部分大队委员组成的少代会筹备委员会，同时在公告栏里张贴了少代会大队候选人的五条标准：①队部工作，自主又自动，②发挥特长，创新队活动，③任劳任怨，不怕累和苦，④诚实守信，说了努力做，⑤学习刻苦，明显有进步。五条候选人标准公布后，立刻引起了队员们的极大关注，通过第一轮"自我介绍"、"才艺展示"、"队知识问答"、大队候选人五条标准等考核以及第二轮"三个一"能力测试（采写一篇校园新闻，主持一档电视节目，设计一个队活动），从书面和口头表达能力、队活动组织能力和公关能力等方面考核，经少代会筹备委员会的认真审核，确定正式大队候选人。随后，大队候选人和各自的后援团通过各种形式（如制作宣传版面、快板等文艺形式）到各中队进行竞选宣传，并在操场上举行了"大队候选人与队员零距离见面会"，接受广大队员的提问考核，使队员们对他们有了进一步的了解，从中选举出德智体全面发展的、得到广大队员们拥戴的优秀队干部，改变了过去"谁成绩好，谁可以当队长"这种只重智育、分数第一的干部路线。

（改编自：陶鹏鹏，2007）

上海小学2008学年少先队干部改选方案

为了让少先队民主精神得到发扬，为了让更多的队员在少先队小干部岗位上得到锻炼的机会，发挥潜能，让队员们体会到少先队干部是少先队的骨干力量，是开展少先队工作的主力军，本次改选工作，要充分地发挥少先队员们当家做主的作用，公开、公正、公平地选出自己心中理想的大中小队委，充分发挥少先队组织的积极作用。

一、大队委员会改选

（1）竞选要求：大队候选人应是"会运动、懂礼仪、善学习、能合作、惹人爱的可爱上小人"；有积极向上张扬的个性，有热情为队员服务的干劲，有对生活、对他人感恩的爱心的少先队员。大队候选人在中队内采取竞选演说的形式，全校范围内采取少先队提案的方式。

（2）竞选内容：包括大队主席1名、大队副主席2名、大队旗手1名、大队组织委员1名、大队学习委员1名、大队宣传委员1名、大队文娱委员1名、大队体育委员1名、大队劳动委员1名、大队纪律委员1名，共11名。

（3）竞选过程及时间：

9月28日（周日）全校动员启动。

10月6日（周一）班会课，各中队推选大队候选人1名，10月7日（周二）前上报至年级（年级组长处），年级组通过无异议的，填写大队候选人推荐表，候选人准备少先队提案（2分钟左右）。10月8日（周三）上交推荐表至大队部。

10月13日（周一）校会课，全校电视转播候选人竞选演说，全校少先队员投票。

10月14日（周二）公布新一届大队委员会名单，并公示。

10月20日（周一）升旗仪式，新一届大队委员会就职仪式。

二、中、小队委改选

时间：2008年10月20日（周一）—10月24日（周五）。

形式：各中队利用班队会、午会时间进行改选。

要求：参与投票人数不得少于中队少先队员人数的1/2，候选人由同学推荐、自己报名产生，中、小队委通过竞选演讲后投票产生。为了体现少先队员的主人翁作用，严厉杜绝老师武断地指派中小队干部。班级选举后无异议，填写"班级干部选举得票表"，于10月24日周五上交至年级组长处。

岗位设置：小队长（8名，每个中队由4个小队组成，每个小队有小队长、副小队长各一名）；中队委员（7名，设中队长、组织委员、学习委员、宣传委员、文体委员、劳动委员和纪律委员各一名）。

（摘自：上海小学网站，http://shxx.xhedu.sh.cn/）

（三）岗位轮换的原则

2000年5月8日，共青团中央、教育部、全国少工委联合发出《关于做好少先队干部任职工作的通知》，就少先队小干部任职工作指出："中队、小队干部新一届的候选人要坚持在未担任过队干部的队员中产生。原则上，在还有队员未担任过队干部时，已担任过队干部的队员不宜再担任，使担任队干部的机会均等。"少先队小干部"轮换制"的命题由此提出。

少先队小干部轮换制，是在少先队组织中破除小干部长期任职的做法，采取队员轮流当队长，接受队干部岗位的锻炼，获得自我教育、自我发展、服务他人的机会，建立充分体现每个队员均等的权利与义务的组织管理模式。

在具体的实施过程中，我们可以采用以下几种轮换模式：

（1）整体调整岗位模式。可以按照某一时间段为一个周期，实施队干部整体的调换，并且采用群上群下、竞争上岗的形式，同时强调遵照队的组织程序。

（2）部分调整岗位模式。即允许部分队干部连任一届（只能连任一届），并总保持有一部分队员是处于连任的状况，延长这部分队员的任职时间，从而使小干部能够更好地获得更为深入的体验和锻炼，保持队的工作的连续性和质量。

（3）自主创设岗位模式。采用较为宽松的岗位设置方法，鼓励和引导队员在大、中、小队中争岗、找岗、创岗。

队干部轮换制是目前少先队组织中正大力提倡的一种提高队员素质的好方法。实行这样的制度，既可以增加队干部的竞争意识，更能锻炼他们的处事及应变能力，同时又可以让更多的队员担任队干部。

（四）优化组合的原则

少先队的工作是多种多样的，活动也是丰富多彩的，所以，队委会的成员也需要由各种性格、爱好、特长的小干部组成。应当是由不同方面的优秀者组成，形成合理得当的结构。要关注性别优化组合，考虑男女比例，务必重视男生干部的培养；还要关注个性结构优化，个性互补是全面活跃队委会的保证。

三、少先队小干部培养的基本策略

提高小干部的素质，发挥小干部的作用，培养小干部的管理能力是小干部队伍建设的首要任务。但在实际工作中，我们常常可以发现以下问题：小干部对自己所负责的工作不了解，不知道怎么开展工作；小干部自身有优越感，不能以身作则、严格要求自己，服务意识不强；小干部的工作积极性不高，缺乏责任心，做事拖拉、不及时；小干部的工作方法欠佳，缺乏工作的技巧，不能做到以理服人，常常导致与队员间的相互埋怨等。

针对以上情况，辅导员要通过多种方法和途径对少先队小干部加强培训、适时指导，使小干部的管理能力和水平得到一定程度的提高。

（一）明职责，激发服务热情

对小干部的培养教育，首先要使他们明确，在少先队组织中，小干部的含义就是带领队员做队的主人。就像排头领飞的"大雁"那样，要以身作则，起模范带头作用，要以满腔的热情全心全意地为队员服务。服务意识是一种自觉的道德品质。少先队干部胳膊上的一道杠、两道杠、三道杠，代表着岗位、责任和义务；代表着光荣、信任和骄傲。争取当干部不是为了要"当官"，对大家"指手划脚"，而是要服务集体，锻炼自己。只有树立起这样的信念，才有可能得到大家的拥护，成为一名合格的队干部。

辅导员还要帮助队员了解岗位的职责，激起队员实践体验和服务锻炼的积极性与主动性。可以将工作职责一览表张贴在队室的墙壁上，带领"小干部"认真学习队干部分工细则，并要求他们把自己的职责写成条子贴在文具盒里，天天对照，明确职责，各行其是。同时，要积极开展"岗位责任章"争章活动，开展"岗位竞聘"、"五味论坛"、"我和我的小岗位"等活动，激励队员坚持岗位服务，体验为集体、为他人服务的快乐，培养对自己、对家庭、对集体和社会的责任感。

（二）用耐心，进行定期培训

少先队干部在工作之初由于种种限制，必然有一个适应的过程和犯错的过程，那么辅导员就要以高度的耐心去包容、引导和帮助他们，实现由"扶"到"放"的培训第一步。辅导员要向全体少先队干部进行担任队干部就是为队员服务的教育，开展队史、队的基本知识的教育和少先队干部应具备的基本技能与素质的训练，为队干部承担队的工作打下良好的心理准备和上岗任职的能力准备。

少先队小干部培训的形式主要有：举办队长学校、举办讲座、队干部论坛、队长夏令营、组织交流、座谈对话、技能技巧培训、坚持例会制度、借助队报队刊进行培训、刊授学校、示范观摩、评选优秀队长等。

1. 举办队长学校

队长学校是少先队组织较为系统地培训队干部的一种形式，也是提高干部思想道德素养和工作能力的一个场所。队长学校的课程一般有：少先队基础知识、岗位职责、岗位服务与岗位锻炼的意义、队干部的修养、少先队干部工作的技能和技巧等。

队长学校在管理上要做到：学员入学履行入学手续；制定校歌、校规；严格考勤制度；颁发结业证书、优秀学员证书等。队长学校的学习形式应生动活泼，除了讲解外，还可以组织交流讨论、观摩实践、技能训练、参观访问等，要避免空洞的说教。

光华路小学队长学校培训计划

"队长学校"是对少先队干部进行培养和训练的教育机构，接受大队的领导。它的任务是，在辅导员的引导和帮助下，在充分发挥队长自主精神的前提下，结合队长工作的思想实际与工作实际，培养思想作风，学习工作方法，掌握一定的本领。队长学校既是一种组织形式，又是一种教育活动形式。

为了让大、中队干部能更好地为少先队服务，使学校、中队的工作开展得更加出色，我校少先队大队部成立了队长学校。大队部通过举办培训班，定期对大、中队干部进行培训，探讨学习开展某一特定工作或活动的方法、技能。

1. 培训对象：

大队、中队委员。

2. 教学内容：

"队长学校"的教学具体内容，要结合实际情况，强调针对性，使队员们能学以致用。学习的内容应该"从队长中来、到队长中去"，可以广泛征求学员的意见。

课程设置可分为少先队基础知识、少先队干部工作原理和思想修养、组织少先队活动的技能、少先队干部的工作方法等部分。

3. 教学方法：

采用自己学习、专题讲座、咨询、经验介绍、现场观摩、知识竞赛等多种形式与方法。

4. 培训时间：

每两周1次，每次30分钟。

光华路小学大队部

光华路小学队长学校培训内容安排表

周次	培训内容	主讲人	反馈
第一周	队干部的工作技能（一）	大队辅导员	
第二周	队干部的工作技能（二）	大队辅导员	
第三周	队干部的工作技能（三）	大队辅导员	
第四周	旗手的训练	大队辅导员	
第五周	主持与表演的艺术	大队辅导员	
第六周	艺术教育辅导	音乐教师	
第七周	大、中队委员改选程序	大队辅导员	
第八周	少先队队会仪式程序	大队辅导员	
第九周	少代会知识培训（一）	大队辅导员	
第十周	少代会知识培训（二）	大队辅导员	
第十一周	科技活动要求	科学教师	
第十二周	广播稿的写作技巧	语文大组长	
第十三周	少先队队史教育（一）	大队辅导员	
第十四周	少先队队史教育（二）	大队辅导员	
第十五周	少先队队史教育（三）	大队辅导员	
第十六周	组织建设知识培训	大队辅导员	
第十七周	少先队网页制作	电教教师	
第十八周	社区少先队活动要求	大队辅导员	

光华路小学队长学校培训记录表

记录队员：_____

培训时间		培训地点		主讲人	
主题					
活动目的					
活动过程					
活动后记					

（摘自：江岸教育团队在线网站，http://www.jajytdzx.com）

2. 坚持例会制度

少先队例会制度会使队的工作有布置、有检查，取得好的工作效果，还可以分期分批对各级队干部进行培训。可以让队干部从报刊上找方法，采用讨论、经验交流会、问题咨询、实际锻炼等多种形式，让队干部现身说法，这样既可以促使他们学会总结工作，又可以使队干部互相学习，取长补短，从而提高其工作能力，建立一支"小主人"干部队伍。

辅导员一定要把大、中、小队干部的各级例会制度坚持下来。这既是少先队安排布置工作、讨论问题、表扬先进、督促后进的一种经常性工作制度，也是一种增强队干部的组织观念、增强他们责任感的思想教育形式，更是对队干部进行工作指导培训的一种有力措施。

3. 进行见习帮带

当第一批小干部得到系统的培训之后，辅导员就应从中、低年级选拔另外一批与之一起学习、见习，形成一对一或一对二的见习帮带队伍。同时，对预备队干部也布置相应的任务并给予评价（由所负责的队干部执行）。这样以老带新，循环往复，切实地充实组织机构的力量，从而让更多的队员在工作实践中受锻炼、长才干。

 经验分享

智慧屋里结硕果

学校少先队大队部规定，每周四下午第三节课为小干部学习时间，所有小干部不得缺席、迟到、早退（除特殊情况外），并且由考勤员进行记录。

大队部将队室装饰成"智慧屋"，墙上挂满了"金点子"、"喜报框"、"智慧豆"，空中飞舞着各色的"千智鹤"（取"千纸鹤"的谐音，意味着充满智慧的纸鹤）。队干部在这里取下"金点子"，看干部应知应会、金头脑博士的绝招；摘下"智慧豆"读老师和同学写下的激励话语，解忧愁；捉下"千智鹤"帮你解决工作中的困惑，为你支招，指点迷津。队干部在这样一个轻松、快乐的氛围中学习，开动脑筋，大胆实践。每次都要在"智慧屋"里留下自己新的创意，使小屋硕果累累，"千智鹤"生出大智慧。

另外，还经常采用"聪聪论坛"的形式，定期将少先队工作中出现的问题摆出来，组织队干部自由发言，充分评议，各抒己见，广泛讨论，这是集中群众智慧、培养民主精神、提高队干部素质的好方法。

（改编自：张海梅，2005）

（三）用慧心，合理调配分工

少先队小干部的工作分工一直是一个困惑辅导员的难题，也是少先队的集体组织在组建之初和在运转过程中必须要重视的一个环节。无论是大队还是中队，如果分工设置不合理，或用人不当，那么少先队干部开展工作时一定会出现各种障碍和困难，如，干部队伍积极性不高，彼此之间存在沟通障碍，团队合作精神不能很好地发挥，或是工作上能力停滞不前等。解决这些问题的关键就是要了解每个孩子的特点，知人善用，用人唯贤，如，对于性格外向活泼的孩子可以请他们担任宣传委员、文娱委员，对于稳重老成的孩子可以请他们主持大局，对于爱憎分明、果敢、负责的孩子可以请他们担任纪律委员、组织委员等。在对小干部的脾气性格和优缺点

有了一定的感性认识的基础上,辅导员要用自己的一颗慧心将小干部引导和安排到最适合他(她)的岗位上,帮助他们扬长避短,发挥自己的最大优势和最大潜能。我们一定要注意避免凭着个人的喜好忽略了岗位的合理性,那只会给自己的工作设置更多的绊脚石。

经验分享

自主择岗,闪亮登场

小干部由于自身素质和内在潜能的不同,工作能力上存在着一定的差异。为使所有的小干部都最大限度地发挥自身的潜能,辅导员调整了少先队的管理岗位,根据工作内容和性质,进行细致的划分,使小干部们便于工作,辅导员便于有针对性地指导。大队部设有"铁笔杆写作岗"、"啄木鸟礼仪岗"、"百灵鸟广播岗"、"喜鹊觅枝巧筑岗"、"快乐天使卫生岗"等。本着自由、自主、自愿的原则,让小干部根据自己的兴趣、特长和能力,结合大队所设的管理职务,进行思考,自己做出决策,选择工作内容。例如:会表达、写作比较好的小干部负责投稿工作;做事踏实、爱干净的小干部负责卫生;说话利索、胆量大的小干部负责礼仪岗;嗓音好、朗诵水平高的小干部负责广播;手巧、心细的小干部负责分放报刊与组织办板报、队报等。

(改编自:张海梅,2005)

(四)展才艺,树立榜样威信

少先队小干部作为少先队组织中充满生命活力的核心成员,在少先队活动中充当着"领头羊"的角色。也就是说,小干部具有一定的影响力,真正发挥先锋的作用,才会为广大的队员所接受。

辅导员要积极鼓励小干部参加各种形式的竞赛,为小干部提供展示的机会和舞台。如:每周一国旗下讲话,由升旗班的小干部负责主持;每周三的"轻松10分"由有讲故事特长的队干部主持;每周四的"动感地带",利用课间操时间由有舞蹈特长的小干部带给大家一支快歌劲舞,活泼欢快的音乐、韵律强劲的舞姿,给人一种美的享受。再有,学校组织美化校园、美化社区的活动,多安排给队干部一些脏累的活。这不仅能使小干部的自身素质得到一定程度的提高,而且能使其成为其他队员学习的榜样,发挥小干部的先锋模范作用。另外,期末还可以对小干部的所有成果进行一次展示,这样不仅可以培养小干部的参与意识、竞争意识,锻炼小干部的能力,而且可以提高小干部的知名度,增强小干部的影响力。

辅导员也可以通过举行别开生面的"闪亮登场仪式"来树立小干部的威信。活动时,专门设置一个会场,让队干部在一阵热烈的掌声中步入会场,然后要求每名队干部在戴牌之前亮出自己的绝活(特长)。之后,在队旗下庄严地宣读"就职誓词"。

(五)给空间,鼓励大胆实践

辅导员要坚持"疑而不用,用而不疑"的原则,充分信任小干部,授予小干部职权,给小干部创设大展拳脚的空间,支持他们独立地开展工作,创造性地完成任务,充分发挥主观能动性;引导队员自己的事情自己做,自己的集体自己管,自己的阵地自己建;充分挖掘每一名小干部的潜能,使队员在参与中学会服务、学会自励、学会工作。

1. 要给少先队小干部制订明确的参与目标

目标具有导向功能,少先队集体的奋斗目标,有着举足轻重的作用,如何使少先队集体的目标成为少先队小干部明确的参与目标呢?在制订集体目标时,可让少先队小干部参与,广泛听取他们的意见和建议,这样才能获得少先队小干部的心理认同,从而内化成他们追求的目标,让他们感到这是他们自己的事。他们是制订者也是执行者、维护者,这样,他们才能以积极的态度去执行。

2. 要给少先队小干部提供可行的参与形式

参与意识的培养需要有一系列的实实在在又符合少先队小干部实际能力的参与形式。例如,可实行少先队小干部值周制,让他们有参与管理少先队日常事务的机会,让他们在设计活动、维护学校秩序、处理简单事件中体验到自己对少先队组织的一份责任感与义务感。

3. 要给少先队小干部提供更多的参与机会

我们要有意识地为少先队小干部创设参与管理的机会，使良好的参与习惯成为少先队小干部的一种素质。我们可以通过实行"民主管理"，鼓励少先队员人人都当"中队小管家"。可以施行"干部轮换制"、"值周大队委制"、"值日队长制"，增强少先队小干部的主人翁意识，同时，为少先队小干部创造更多的参与管理的机会，进一步激发少先队小干部的自主参与意识。

(六) 多设岗，增加锻炼机会

在少先队组织中，人人都是少先队的主人，都愿发挥自己各方面的能力，为组织增添一份光和热，同时组织也为每名队员提供为大家服务的机会。由于自身素质和内在潜能的不同，以及队员各自不同的特点，少先队组织要通过多种岗位的设置，为他们的发展和进步提供更为有利的条件，使每个队员的个性和创新能力最大程度地得到发展。

辅导员要把"人人有岗位，个个是主人"作为少先队小干部队伍建设的重要内容。

可以在根据《队章》规定设置大、中队委员会（其中设队长、副队长、旗手和学习、劳动、文娱、体育、组织、宣传等委员）及小队长职务岗位的基础上，设置更多类型的干部服务岗位，如可尝试增加科技、卫生等新委员，也可增设文学、艺术、科技、体育等各个方面的兴趣小组组长等，以及少先队的各种服务岗位，让更多的少先队员都能够参与到队的工作中，做到人人都有服务岗位，个个都有实践的机会和成功的体验。

经验分享

有趣的"岗位制"

"大拇指"：负责记录和表扬中队涌现出的好人好事；

"小警铃"：负责督促违规的队员及时改正；

"节能小子"：负责电灯、电扇、饮水机等电器的管理；

"贴心宝宝"：负责讲台的清洁与整理工作；

"开心果"：在队员不开心时及时出现；

"粉笔头"：负责每天收集粉笔头，清洁粉笔槽。

（改编自：陈建强，2004）

（七）搞评议，培养民主意识

在小干部培养过程中，辅导员要帮助队委会建立对队干部的民主评议制度。队干部的工作评议一学期开展一次，一般采用问卷调查、召开座谈会、实际工作考察和专项评估等方式进行。队干部的评议对象可以是大队干部，也可以是中小队干部等。可以尝试建立队长述职制、小干部思想汇报制、全体队员评议制等制度。还可以尝试设立队长人手一册的《倾听日记》，辅导员每月检查一次，以等级打分评议；红领巾电视台开辟《说说我们的队干部》谈话类节目；大队部开设"金点子"信箱，接受队员的建设性建议；在学校网站上专设《队长BBS》，欢迎队员上传帖子，与队干部互动对话。通过多种形式的队干部民主评议，让队干部在接受广大队员的评议过程中培养民主意识，增强服务观念，提高实践能力。

在小干部培养过程中，辅导员还可以适当建立奖惩机制，激发小干部学习的兴趣，调动工作积极性。可以尝试设立"队干部大比拼"竞赛栏、少先队小干部接待日等，对于优秀的少先队小干部可以通过评选"好队长"、"最佳小能人"等形式，及时给予表扬。

民主评议队干部，必须坚持鼓励性原则、民主性原则和自我教育原则。

拥有一支精干得力的少先队小干部队伍，不仅可以为自己的工作增光添彩，而且可以使队员的组织能力得到锻炼。培养一支优秀的少先队小干部队伍，是少先队组织建设的一个重要环节，也是辅导员的一项重要的工作内容。我们要尊重队员的民主权利，发挥队员的自主精神，让他们学会自我教育、自我管理、自我服务。

第四项修炼

为孩子们搭建七彩的舞台

——辅导员如何指导阵地建设

少先队阵地是指以一定的物质条件或社会资源为依托,由少先队员自己创设或参与建设、管理,并经常活动和工作的固定场所。少先队阵地亦称少先队小家务、红领巾小建设。

少先队活动具有强烈的组织性、教育性、自主性、趣味性、开放性、实践性、综合性等特征,它的有效实施必须具备足够的让少年儿童实践的舞台,必须开发少先队阵地资源,为少年儿童提供广阔的实践空间。如果没有相配套的"阵地"资源,少先队活动就可能陷入"巧妇难为无米之炊"的境地。因此,少先队阵地建设在整个少先队教育中占有非常重要的地位,它是少先队活动的依托,是少先队教育社会化的有效途径之一,是培养少年儿童的创新精神和实践能力的重要课堂,更是少先队工作"常态化"实施的一项重要的"基础设施建设"。

一、少先队阵地的功能

少先队阵地是少先队员增知识、学本领、做贡献的大舞台。它服务于少先队员的全面发展和健康成长,对少先队员产生凝聚、吸引、影响等多方面的"磁场"效应。它具有多元的效应和独特的功能,归纳起来一般有五大功能。

(一)全面辐射功能

少先队阵地对少先队员的教育是多方面、全方位的。因少先队阵地各种教育活动内容的不同,它能辐射于少先队员的德、智、体、美、劳、心理教育和学科、活动、环境三大课程之中,辐射到新增设的综合实践活动课程之中。又因少先队阵地拥有广阔的时空领域,队员参与建设管理的程度不同、教育目标不同,它能辐射于少先队的组织教育、自我教育、实践体验教育之中。所以说,少先队阵地具有全面辐射的功能。

(二)资源整合功能

少先队组织在阵地建设中要充分挖掘各种社会资源,综合利用多种有利于少先队事业的积极因素,形成以学校为主体向校外辐射的少先队教育网络。少先队阵地教育必须依托社会上的历史人物、人文景观、革命遗址、现代化的企业和建筑、名胜古迹等浓厚的文化底蕴,并将各种有形的自然资源、德育资源、人文资源进行整合、调动、利用,使这些分散的、随意的社会资源成为有目的、分层次、系统性的少先队阵地教育资源。这样,就有力地推动了少先队教育工作社会化的新体系、新模式的构建。

(三)吸引凝聚功能

少先队阵地教育是少先队组织中最重要、最具特色的教育手段。通过少先队阵地建设,让少年儿童生活在优美的物质环境、自主的动态环境、和谐的人际环境之中;让校园内外处处都有教育,队员时刻处于教育场中。少先队阵地全方位地为少先队员营造了一个有益于身心发展的、健康的、优质的外部环境,对少先队员具有强大的吸引力和凝聚力。

(四)综合育人功能

少先队员参与(或部分参与)建设管理的每一个阵地都具有独特的教

育功能。在具体而实在的活动阵地里，少先队员人人都有岗位，个个承担任务，这些活动不仅培养了他们热爱劳动、尊重知识的思想情感，还培养了他们的创造才能和主人翁精神，促进了每个队员综合素质的提高和健全人格的塑造。这是少先队阵地的综合育人功能。

（五）勤工俭学功能

少先队组织利用自己的阵地，如小苗圃、小林场、小试验田等劳动实践类的阵地，小邮局、小超市、苗苗餐厅等少先队小事业以及某些有偿服务的活动阵地，通过队员们的自力更生、勤工俭学，会有一定的经济效益，少先队组织就可以把这些收入用于少先队活动的开展。如浙江省杭州市胜蓝小学，近几年来，就用小菜地的收入购买争章手册，推动了全大队的雏鹰争章活动。

二、少先队阵地的分类

少先队阵地一般可划分为组织教育类、宣传教育类、科普教育类、劳动实践类、社会服务类和综合教育类等；从时空领域上，可划分为室内、室外、校内、校外；从参与建设管理程度上，可划分为自我服务和自我教育阵地，以及向社会宣传和服务的阵地。还可划分为显性阵地和隐性阵地、固定阵地与流动阵地等。

（一）组织教育类阵地

这类阵地主要是为队的组织教育和组织工作服务的，对强化队员的组织观念，培养民主意识，增强他们的荣誉感、责任心有着重要作用。最基本的组织管理类阵地有：

1. 队室

队室是少先队组织向广大少先队员进行组织教育的阵地，也是辅导员和少先队小干部学习、讨论工作的场所。在《少先队辅导员工作纲要（试行）》中，对队室是这样要求的："建立并使用好少先队队室，规范化队室的面积不小于10平方米，有会议桌、椅子、鼓号橱、资料柜、旗杆、旗架等基本设施，鼓、号、旗等礼仪用品，队徽、呼号、队歌、作风、誓词、队史挂图等队的标记，毛泽东、邓小平、江泽民、胡锦涛为少年儿童和少先队的重要题词，少先队工作资料、活动成果等档案陈列。要善于利用少先队队室这个阵地，向队员进行组织教育。"

经验分享

全国红旗大队学校——浙江省上虞市崧厦镇小，地处"中国伞城"。它的队室面积不算大，但布置上很有特色：正面墙上，少先队队徽镶嵌在伞的模型上，队徽的上方是少先队的呼号，下方是入队誓词；对面插在旗架上的队旗似太阳的光芒四射，旗架下面放着队鼓、队号；左面墙上，张贴在长城图案上的图片显示了少先队的光荣历史；右面墙上，在象征雏鹰展翅的图案上张贴的全是反映该校各种少先队活动的图片，橱柜里的奖牌、证书展示着他们的成绩和荣誉；而摆在中间会议桌上的一把把小伞却是一个个大队干部的姓名牌……走进队室，人们会感受到浓浓的"队味"，同时会迅捷地了解"伞乡"少先队的工作情况。

（改编自：姜利凤，2006）

经验分享

上虞市实验小学的队室是长方形的，大约有60平方米，室内又分隔成了一大一小两间。小间是队干部办公的地方，墙壁上挂着分工职责和工作日历，柜子里有会议记录本、大队光荣簿、大队日志、工作计划、队员花名册、队报队刊和各种活动资料，还搭建起一间"心语小屋"，进行心理咨询活动……充分体现了少先队员是少先队组织的小主人的特色。学校还为队室配备了电脑。大间里布置了几代领导人对少年儿童的题词、队歌、作风、队的历史、历年来的小英雄画像；还有自上世纪五十年代以来各阶段的少先队活动照片，八十年代获得的"创造杯"奖杯、"全国少先队工作学会科研基地"铜牌……中间的那张供师生研究工作的大会议桌，使用率很高。

（改编自：杜瑛，2006）

队室的布置和使用没有统一的规定，但辅导员在建设队室时要注意"七忌"：一忌富丽堂皇贵族化；二忌抽象呆板成人化；三忌随心所欲随意化；四忌千篇一律模式化；五忌内容陈旧单调化；六忌设计布置（教师）包办化；七忌终日不开摆设化。要让队室成为少先队基本知识的学习室，少先队光荣传统的宣传室；成为队干部的培训室、讨论工作的会议室；成为活动成果的展示室、活动资料的陈列室。

2. 鼓号队

少先队鼓号队，是对少先队员进行教育的特殊手段。鼓乐声中，少先队组织完成了独特的礼仪，全体队员肃立敬礼，耀目的星星火炬队旗迎风飘扬，"准备着，为共产主义事业而奋斗"的呼号，刻印在每一个少先队员的心里。队鼓像出征的战鼓，激励少先队员们为共产主义事业而奋斗。队号像冲锋的号角，鼓舞少先队员立志做共产主义接班人。少先队鼓号队形成了符合少儿特点的教育环境，使少先队员们受到集体主义教育和美的熏陶。

3. 队长学校

队长学校是对少先队小干部进行培训的一种行之有效的教育活动形式，也是提高队干部的思想素质和工作能力的一个重要阵地。

4. 少年团校

少年团校是向初中少先队员进行系统的共青团知识培训的学校，是加强中学少先队组织建设的重要阵地。

5. 红领巾监督岗

红领巾监督岗的主要作用是：培养队员们的组织纪律性和集体荣誉感，检查监督各中队的文明、礼仪、卫生、安全、组织纪律等情况，维持好学校的活动秩序，特别是下课、上学、放学等时间段的秩序。

6. 光荣榜

光荣榜是少先队表彰奖励、评比竞赛的阵地。可以设在学校或队室内明显的地方，或建立一个永久性的橱窗。光荣榜的作用，主要是用来记载本大队内少先队中、小队集体，少先队员个人的重大先进事迹和所取得的较高荣誉，它对队员有着较强的榜样示范作用，极大地激励着队员们向更高的目标迈进。

7. 红领巾信箱

红领巾信箱，有的称做"民主信箱"。这是少先队大队组织征求队员的意见而建立的民主生活阵地。《队章》第十一条指出："队员是少先队组织的主人，在队里都有选举权和被选举权，可以对队的工作和队的活动提出意见和要求。"这是每一位少先队员的权利。红领巾信箱的设立，就是鼓励大家关心大队工作，培养主人翁意识。大队委员会要有专人负责红领巾信箱工作，及时开启信箱、收集信息，认真研究队员的意见、要求，做出答复和改进。

8. 红领巾角

红领巾角是中队的组织教育阵地。它可以设在教室的一面墙上，划出鲜明的位置，标出醒目的标题。红领巾角应该挂有中队的"三簿一册"，即：中队干部会议记录簿、中队活动记录簿、好人好事记录簿、队员花名册。

（二）宣传教育类阵地

1. 队角

队角是设在中队（教室）里的一种经常性的、深受队员喜爱的宣传教育阵地。它的特点是灵活多样，利于建设和开展相关活动。队角规模不大，可以在教室的一个角落，也可以在墙面上用文字、图画、实物、照片等布置而成。队角的内容可以根据需要（如学校的教育安排，本中队的具体情况）随时进行更换。

它对培养少先队员的良好品德和行为习惯、启发他们的生活志趣，有着不可估量的作用。

中队角可分为德育类、智育类、健身类、自主类、综合类等类型。

（1）德育类：如"英雄角"、"先锋角"等。主要展示、宣传革命领袖的教导，革命先烈的故事，战斗英雄、劳动模范的事迹，青少年英雄人物的图片

等，引导队员从小学英雄，长大当先锋，走正确的人生道路。

(2) 智育类：如"知识角"、"科技角"、"图书角"等。丰富的知识引发队员的学习兴趣；日新月异的科技信息激发队员的求知欲望；各种科技小制作展现出队员的聪明才智；由队员们通过"献一本，读百本"活动而自筹的图书更提高了队员的阅读兴趣，扩大了他们的知识面，丰富了他们的课余生活。

(3) 健身类：如"体育角"、"卫生角"等。放在"体育角"里的各种运动器具随时供队员使用；在"卫生角"上张贴的卫生知识、防病常识时常提醒队员们讲究卫生，注意良好的生活习惯。还要准备药棉、纱布、红汞、碘酒和剪刀、镊子等物品，以备应急之需。

(4) 自主类：如"争章角"、"节约角"等。这些队角能充分发挥少先队员是中队小主人的作用。"争章角"反映的是队员们的雏鹰争章活动，有中队里每个队员的争章进度表、生动的争章日记、欢乐的争章活动图片；而放置队员们捡来的废纸、铁丝、螺钉等物的"节约角"，不仅使物尽其用，还培养了队员们勤俭节约的好习惯。

(5) 综合类：如"信息角"、"友谊角"等。当今世界国际国内每时每刻都有各种事情发生。每天早晨设在中队"信息角"的那块小黑板上，都会有中队信息员抄写的他收集到的最新信息，告诉伙伴们刚刚发生的国内外大事。

(改编自：张杏云，2006)

队角可以定期更换内容，可以一个月更换一期。更换内容可以用以下方法：一是主题不动内容动。如"先锋角"，本期是"伟人毛泽东"，下期是"时代先锋雷锋叔叔"……学先锋的主题没有变。二是一期一个主题。如这一期是"巧手角"，下一期就是"幽默角"，以后还可以是"生物角"、"阳光体育角"……主题发生变化。

队角可由小队轮流主办。创办队角既可以由中队委员会负责，也可以让各小队轮流主办。

2. 少先队队报、红领巾广播站、红领巾电视台

少先队队报、红领巾广播站和红领巾电视台都是学校的窗口，是学校少先队工作的"说明书"。这个窗口展示的内容丰富、实在，是学校少先队组织工作活跃程度、深入程度、水平高低的标志之一。

这三种阵地各有自己的特色。队报用美丽的图案、丰富的色彩、优美的文字内容深深吸引着少先队员；红领巾广播中一首首优美的歌曲、一段段幽默诙谐的对话，丰富着少先队员的课余生活；而红领巾电视台则以生动活泼的画面、反映少先队员日常生活的镜头赢得孩子们的欢迎。这些宣传阵地都为孩子们所喜闻乐见，而且它们的建设有着相似的规律：

第一，都要组成一个编委班子，负责稿件的选择、编辑、使用。编委会的负责人和编辑人员，大多通过竞选的方法产生。

第二，都需要一批具有某种特长的队员担任出版或播放等具体工作，如担任队报美编的队员要会设计版面、调配色彩；负责抄写的队员，书写要整洁美观；红领巾广播站的播音员，要口齿清楚，声音清脆，音色优美；学校电视台的主持人应举止大方，思路敏捷，表达能力较强等。

第三，为了更好地反映学校少先队的工作和队员的生活，提高宣传教育阵地的质量和效果，都要组建一支小记者或通讯员队伍，负责收集信息，撰写稿件，进行采访，及时传递队员们的意见和要求。

第四，都有一个响亮而又有意义的名字。队报还要有一个相对固定的报头图案；广播和电视则要有优美动听的开始和结束乐曲，且不宜经常变更。

第五，内容的编排，一般结合本校实际，设置富有队味的各种专栏。

3. 红领巾网站

网站是运用电脑通过电子网络构筑的信息发布平台，是少先队的重要工作、宣传阵地。少先队建立网站主要有两大用途：一是可以建立少先大队的数据库，少先队大队的所有资料和信息（包括少先队的基础知识、史料、活动记载、队员情况、组织状况等）都可以存入数据库，供队员们查阅使用；二是队委会可以与队员通过博客、BBS论坛或者电子邮件传递信息、交流信息。

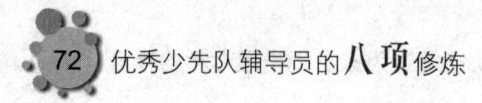
经验分享

天津市和平区万全道小学少先队大队部组织开展的争当"四好少年"活动中，各中队在博客上开辟"争当'四好少年'"专栏，队员们一方面将胡锦涛总书记的贺信精神、争当"四好少年"的具体内容上传,供大家学习;另一方面把自己的学习体会、活动照片等发表在博客上,还对其他队员的博文予以评论。经过查找——学习——感受——评论的过程,队员们既了解了贺信精神,记住了争当"四好少年"的内容,同时又在争当"四好少年"活动中对身边的人产生了广泛、有效的影响,彰显了少先队教育的普遍性和时效性特点。

(张莉,2010)

红领巾网站为少先队员架起了沟通的桥梁,搭建了展示的舞台,打造了活动的乐园,创设了自主的空间。

4. 小小国旗班

为执行升降国旗制度,很多学校的少先队组织学习北京天安门的国旗护卫队,建立了"小小国旗班",也成了少先队宣传教育阵地之一。

"小小国旗班"执行的升国旗活动,主要目的是对少先队员进行热爱伟大祖国的教育。国旗是国家的象征,国歌记录了中国人民近百年来不屈不挠、前赴后继的斗争历程。为了使广大少年儿童增长这方面的知识,在行动上自觉地维护国旗、国歌的尊严,举行少先队升旗仪式不仅有现实的教育意义,而且会产生深远影响和教育作用。

5. 小画廊

小画廊是以画为主的教育阵地。它通过许多优美的画面,给队员以美的享受,并以此增强他们热爱祖国、热爱生活的思想感情。在那些办队报条件比较差的学校里,办个小画廊还可以弥补一下宣传教育阵地的不足。

6. 阅报栏

当前人们获取信息的方式、途径越来越多,但是,在诸多信息中,报纸仍将是各个学校和大多数队员获取信息的主要来源。少先队的阅报栏为广大师生服务,及时传达上级文件精神,公布各地的新闻信息,使大家了解身边的世界每天都在发生什么变化,因此它依旧是每个学校不可缺少的重要宣传教育阵地。

少先队的阅报栏通常要有队报(《中国儿童报》、《中国少年报》、《中国中学生报》),也可以有各地的党、团报纸,不宜选择那些不适宜少年儿童阅读的报纸。孩子们自己创作的手抄报、电脑小报也可在阅报栏内展示。

7. 校园宣传牌

近几年来，学校更加重视校园文化建设，校园中安放了越来越多的宣传牌，成了宣传教育类阵地的新军。按照宣传内容和功能区分，一般有名人类、名言类、温馨提示类等三大类校园宣传牌。

（三）科普教育类阵地

这类阵地旨在引导少先队员参与科技活动，学习创新技能，培养科学精神，帮助队员从小树立科学观念，对科学技术产生浓厚兴趣；具备一定的科普知识，掌握一定的科普技能，逐步培养一定的科研探索能力；能用科学态度、科学思维、科学方法去思考和解决问题，发扬创新精神，提高创造能力。如：少儿科学院、少儿农学院、"三模"研究院、红领巾气象站、红领巾创造工程学院、小神通无线电学校、小新星天文台、雏鹰环保宣传中心、七色光电脑学校、雏鹰网俱乐部、家庭实验室等，都属于科普技术类的阵地。

 **经验分享**

浙江省上虞市盖北镇小的红领巾农科院分为三大组织机构：顾问机构、辅导机构和行政机构。顾问机构是聘请农业专家、镇农科站领导组成的顾问团，承担辅佐和指导工作；辅导机构是由学校老师和校外农业技术人员、专业户等组成的辅导队伍，承担红领巾农科院的具体辅导工作；行政机构是由大队部向全校发出招聘通告，通过学生毛遂自荐、提名推荐、实绩考核等方法产生的院部领导小组成员组成红领巾农科院的组织领导机构。行政机构负责有计划地组织和落实多项工作，定时定点地召开院部领导小组会议，商量每阶段的工作，了解各研究所的工作安排及课题研究开展情况，制定各级职称晋升的标准，考核"研究"人员的业绩和作品。

红领巾农科院下设三个研究所，分别是以三个基地命名的花卉研究所、果木研究所、蔬菜研究所。每个机构聘请一位专业科技辅导员，每个机构分成若干个小组，每个小组设一名辅导老师，精简的小组使活动的开展更具有灵活性和可操作性。红领巾农科院的职称也模拟现实中的科学院所设立的职称。设立实习研究员、助理研究员、副研究员、研究员、研究所院士、科学院院士等六级职称。

红领巾农科院采用"小课题研究"的模式，给学生创造足够的时间和空间，通过一系列融科学性、知识性、思想性于一体的农业科技实践活动以实现"红领巾农科院"的活动宗旨。以"红领巾农科院"一次完整、成功的活动来讲，分为发现问题→形成方案→实验过程→成果分析→形成报告→评审成果。活动过程中学生通过了解、观察、查访、调查、翻阅资料、搜集信息、开展试验、动手操作，从而获得知识技能，获得丰富的情感体验，使活动更具有主体性、问题性、实效性、开放性和创造性。

（谢金土，2004）

（四）文学艺术类阵地

这类阵地以红领巾社团的形式出现的比较多，它不需要有固定的场地，人数可多可少，不需要更多的条件便可建立起来。如：文学社、少儿诗社、小星星艺术团等。

"三分钟舞台"为队员铺建"星光大道"

相信许多人都看过并且爱看中央电视台的《非常6+1》节目和《星光大道》节目。在那里，无论您的年龄，无论您的职业，只要您有挑战自我、超越自我的气概和毅力，就能登上梦想舞台，成为非常明星。这个节目让每一个参与者都信心百倍，快乐无比。

在浙江省上虞市闰土小学，也有这么一个"星光大道"，它就是闰土小学的"三分钟舞台"。为了丰富队员们的课余生活，培养队员的自信心，发掘队员们的才艺潜能，学校特地将在操场正中的主席台整改成"三分钟舞台"，铺上绿色的地毯，精心设置背景，以期给全体队员一个美丽的梦想舞台。

这是一个专门为队员们搭建的舞台。每周二、四的中午，30分钟的时间里，以中队为单位组织表演节目。内容可以是唱歌、跳舞，也可以是器乐表演、配乐诗朗诵。表演形式也比较自由，可以单独表演，也可以找自己的手拉手好朋友进行组合表演。学校还动用了"小浪花"电视台的设备，把队员们的表演拍成录像，在年级中评选出最佳舞台效果、最佳节目以及年级特长生等。

"三分钟舞台"推行后不久，就在队员们中间大受欢迎，他们自我包装、自导自演、自娱自乐。唱歌、朗诵、舞蹈、器乐……每个人都拿出了自己的绝活。年级之星的系列评比更是让队员们疯狂痴迷，当他们看到电视上的自己的时候，脸上的笑容是那样的快乐和陶醉。

（李炳坤，2007）

（五）体育游戏类阵地

这类阵地是少先队员在辅导员的指导下，以锻炼身体、强健体魄为目的，培养体育和游戏活动的技能技巧而建立的。它通常以兴趣社团、运动队的形式出现，如乒乓球俱乐部、溜溜球俱乐部。少先队组织在这些兴趣社团活动的基础上，可组织、举办红领巾体育节、红领巾游戏节、校园"吉尼斯"等活动。

经验分享

浙江省上虞市沥海镇三汇小学围绕"让每位孩子体验成功"的办学理念，创设了校园吉尼斯特色阵地活动，而且搞得红红火火。

"校园吉尼斯"活动结合体育类、游戏类、社会实践类等内容，相继开设了记忆成语、记忆英语单词、三分钟折纸、不限时俯卧撑大赛、玩转篮球大赛、超级跳长绳大赛、骑慢车大赛、"考考你的平衡能力"大赛、一分钟夹弹子、呼拉圈、纵跳摸高、一分钟准投、一分钟俯卧撑、一分钟踢毽子、深蹲与起立等项目。"校园吉尼斯"通过队员个人申报、所在中队推荐、协会审批，以擂台赛的形式评选出各个方面的顶尖高手。迄今为止，已诞生校园吉尼斯纪录98项，随着纪录不断刷新，项目也不断增多。新设了转陀螺、弹牛皮

筋、铁环、赶猪、斗鸡、一分钟剥花生、"穿针引线"等许多由孩子们从父母亲甚至爷爷奶奶口中征集而来的项目。

（周建乔，2006）

（六）社会文化类阵地

少先队组织结合当地实际开展的导游、考古等活动，组织建立的红领巾导游团、红领巾考古队就属于社会文化类的阵地。它的活动不仅能锻炼队员的工作能力，丰富队员的知识，还能够在活动中激发爱国热情，在思想上得到教育和提高。

经验分享

在浙江省绍兴县古镇安昌的三里长街上，就经常活跃着一群头戴乌毡帽、穿着黄色上衣、胸前挂照相机、手持小话筒的孩子们。他们有的为游客介绍古镇风土人情，有的拍摄古镇人文景观，有的采访老艺人……他们就是安昌镇中心小学"青石板导游团"的小导游。"青石板导游团"成立近十年来，已先后义务接待各地游客十多万人次。他们别出心裁的组团方式和仿古导游服务，让人们称赞不已。"红领巾导游团"活动在为游客服务、为家乡争光的同时，也锻炼了队员们待人接物、语言表述等各方面的能力。

（张杏云，2006）

（七）劳动实践类阵地

劳动实践是少先队教育的基本途径。建立劳动实践类阵地的目的就是要让队员从小热爱劳动、崇尚劳动、学会劳动。

1. 小种植园

有的城市学校在校园的一角或教学楼屋顶开辟出生产劳动园地，农村学校由村委会划拨给学校或自己开垦一块劳动园地开展种植活动。浙江省上虞市盖北镇小学在自己校内的农业科技实践基地上，建起了"百菜园"、"百果园"、"百花园"、"百草园"，分别种上各种各样的蔬菜、果树、花卉、草药等。队员们轮流去种植园体验劳动的辛苦，分享劳动的成果，还经常在种植园开展小课题研究,思想和知识水平都获得了提高。

2. 小试验田

在这个阵地里,少先队员不仅是单纯参加生产劳动,而是学习、运用科学知识进行小研究活动,还把各种成果向社会推广,深受群众和家长的欢迎。在缺少劳动园地的情况下,很多少先队组织开展了"一人一方桌试验田"、"每人承包三株葡萄"等小试验活动,这些是少先队阵地活动的创新。

3. 小饲养园

这是少先队传统的活动阵地。通过饲养活动,不仅可以帮助队员学习科学喂养家禽、家畜的知识,提高实践能力,而且还能培养少先队员认真负责、吃苦耐劳、团结友爱等方面的道德品质和心理素质。小饲养园的建立要根据本地区、本校的具体情况,饲养小兔子、小羊、鸡、鸭、猪等动物。饲养园的活动要建立必要的场地;要加强专业学习和指导;要有管理制度;还要搞一些小实验、小试验,增加科技含量。

(八)社会服务类阵地

少先队员在这类阵地中参加活动,学习为人民服务的思想和本领。试举几例:

1. 红领巾卫生街

浙江省宁波市苍水街小学少先队大队部,于上个世纪80年代初就创建了这样一个校外阵地,现已在全国各地普及。当时,学校与苍水街上的工厂、商店、单位、居委会联合成立了管理委员会,共同制定了街道文明建设公约,一起保持街道的清洁卫生。苍水街小学的少先队员们,定时打扫街道,捡拾废弃物,还上街宣传,向居民、行人、商店分送宣传品,在社会上引起了较大的反响。1984年初,中央人民广播电台的"小喇叭"节目,还向全国小朋友介绍了这一"红领巾卫生街"活动。

2. 红领巾一条街

这个阵地可以说与"红领巾卫生街"有异曲同工之妙,随着精神文明建设的不断加强,学校少先队走出校门,走入社会,与学校所在地的居委会、村委会共同创建教育阵地。它既加强了少先队对队员校外活动的管理，也促进了村镇街道的社会主义精神文明建设。

在"红领巾一条街"上，学校少先队组织可根据本地的实际情况，结合队员的年龄特点，设立不同内容的多个岗位，开展丰富多彩的教育活动。例如：为您服务岗、护绿近卫军、爱心服务站、红领巾报栏、文明监督哨。

社会服务阵地也包括在学校内建立的为伙伴服务的各种阵地，如：小小文具修理部、小巧手钉纽扣公司、小能人理发俱乐部、失物招领箱等。

（九）技能培训类阵地

这是模拟社会上实际存在的部门、单位而建立的实践体验阵地。学校是社会的一个特殊部分，模拟教育使它可以在一定程度上再现社会某些部分，从而加速少年儿童的社会化进程。如：

1. 红领巾小邮局

这是模拟社会上的邮局而创建的少先队阵地，目的是让少先队员在这里体验为大家服务的乐趣，学习有关邮电的知识。

经验分享

江滨小学创办的"红领巾小邮局"，就是一个深受队员欢迎的实践体验阵地。"红领巾小邮局"公开竞选了三位正副局长，下设票务组、拣信组、投递组、分发组四个组。大队部对热心为同学服务的队员进行了业务培训：参观市邮政局，听叔叔、阿姨介绍情况，看拣信、盖戳的操作，星期天跟着邮递员去送信送报，体会投递工作的辛劳，还举行了邮票设计竞赛，征集了包括用电脑、手工画的一百多枚邮票设计样稿。公开展示后，由队员们投票评选出了十枚最佳"邮票"，并打印了一批，分别在校内和校外使用，但这些"邮票"不是用钱买的，队员只要用一张认真书写的毛笔字或硬笔字，就能从小邮局的票务组换到。

队员写好信后，贴上不同的"邮票"，再投进挂在队室门口的邮箱内，就会有专人定时开箱整理，盖上由队员自己设计制作的"邮戳"，并由小投递员把信件及时送到校内各中队或本地其他学校的收信人手里。

红领巾小邮局活动不仅可在校内开展，还可走向社会。如征得当地邮局的同意和支持，在双休日鼓励队员们分批到邮局参加服务：出售邮票、收发包裹、收寄信件……在个别经济、交通尚不发达的地方，通过红领巾小邮局，为村民投递乡镇邮电所无法投递的信件、报刊。此举既能锻炼队员，又可为群众排忧解难，何乐而不为呢？

2. 红领巾小银行

少先队员把平时的零用钱积攒起来，存入红领巾小银行，既能帮助他们养成勤俭节约的好习惯，又能在他们急需用钱，如订阅队报、购买书刊、交付杂费时，用来支付费用，减轻家庭和父母的负担。

3. 红领巾小超市

随着市场经济的发展，一些带有商业性的少先队阵地也出现了，红领巾小超市就是其中之一。红领巾小超市活动可以帮助队员进一步接触社会，初步了解和懂得商业经营知识，培养他们的创业精神和经营管理能力。红领巾小超市的工作班子以少先队员为主，他们自主决定进什么货、卖什么价格、什么时间营业等。店名、广告语从全校的少先队员中征集，凝聚了大家的智慧。经营的商品是队员们需要的学习用品和生活用品。不以营利为目的，物品的价格低于市场价格，吸引更多的小伙伴来光顾。

红领巾小超市还可在校园内策划不定期地举办"红领巾跳蚤市场"，让队员们将自己多余的或不再需要的，但还有使用价值的学习用品、生活用品、活动器具、图书玩具等物品，拿到市场来互相交换，既可使这些物品物尽其用，也可作为少先队员建设节约型社会的实际行动之一；还可邀请一些有书画、手工艺制作等方面特长的队员，现场创作书画作品，制作书签、贺卡、刺绣、陶艺作品，并进行义卖，所得款项，用于帮助有困难的同学。队员们在"红领巾跳蚤市场"里，可以学习挑选物品、讨价还价、推销商品、招揽顾客等技巧，这将有益于他们在社会中健康成长。

4. 红领巾小医院

少先队员在红领巾小医院的实践活动中，可以学习卫生保健常识和技能，懂得救死扶伤的道理，学会关心他人、团结同学、热爱集体，并增强自护意识，提高自我服务的能力。

红领巾小医院可以开展的活动有：定期举办卫生知识讲座，邀请医院和防疫站的叔叔、阿姨为全体少先队员讲授卫生保健知识。办好卫生保健宣传栏。红领巾小医院还结合不同季节及时宣传流行病的防治常识，宣传有关预防近视、冻疮、牙病等保健知识。普及心理健康知识宣传。运用墙报、板报等多种形式，图文并茂地向队员介绍如何培养自信心、耐挫力、顽强意志等健康心理品质的方法。还可开设"悄悄话"信箱，为小伙伴解惑答疑，排解苦恼。

5. 红领巾废品回收公司

废品回收公司运行模式完全按照正规公司操作，通过回收废品活动，培养队员爱惜物品、不随意丢弃的好习惯，节俭、不浪费的好品质，环境保护和可持续发展的新观念。

 经验分享

浙江省上虞市盖北镇中心小学红领巾废品回收公司运行模式：

(1) 公司设总部（行政楼1楼1112室），回收点32个（各中队教室）。

(2) 公司聘请人员：（总部）经理1名，对公司全权负责；副经理1名，协助经理管理公司；会计1名，负责记录和财务管理；过磅员1名，负责所有废品过磅和计数；（回收点）废品回收员2名，负责各回收点的废品归类、装袋。

(3) 公司营业时间：每周五11:20回收废品，出售时间据具体情况而定。

(4) 公司所得经费处理：① 50%返回各回收点作为各中队活动经费；② 40%存入学校"红领巾爱心基金"；③ 10%作为公司流动资金，用于先进奖励和职员福利等。

(5) 公司先进评比：① 学期结束前根据各回收点的业绩，评选出"先进回收点"6个；② 学期结束前根据各职员的工作表现，评选出"先进职员"10名。

(徐琪辉，2009)

6. 红领巾小记者站

这是少先队员自愿参与社会实践的课外活动组织形式，是以学习、实践采访、编辑方法和技能为主要内容的红领巾社团型的阵地。它不仅能提高少先队员的多方面能力和素质，还对促进少先队活动、活跃校园文化生活起着积极作用。人们经常在各级人大、政协会议、团代会、少代会和各种大型少先队活动中，看到活跃的红领巾小记者的身影，这是少先队员主动参与社会生活的体现，也是少先队一道亮丽的风景线。

让学生在这些模拟化的阵地中模拟各种角色，开展多种活动，进行积极体验……这种"以假当真"、"小题大做"的方式方法，非常符合少年儿童的心理特征，是少年儿童喜闻乐见的。

（十）综合功能类阵地

这类阵地有一个明显的特点，就是它反映出来的功能是多种的，既有组织管理的功能，也有宣传教育的功能，又有兴趣爱好的内容，还有实践体验的特色。试举几例：

1. 夏（冬）令营

少先队的夏（冬）令营是在寒暑假期间为队集体建立的活动阵地。夏（冬）令营里组织的愉快而有意义的活动，使队员得到积极的休息和锻炼，开阔眼界，增强体质，培养他们适应集体生活和独立生活的能力。夏（冬）令营是帮助少先队员接触社会、接触大自然的最好课堂。

2. 雏鹰假日小队之家

这是随着"雏鹰行动"的广泛实施和实行双休日的新形势而出现的新型阵地，它是开展雏鹰假日小队活动的依托，广泛地建在家庭、社区。一般是设在某位队员的家里。小队之家里写着队员们自己取的队名，布置着队员们自己设计的小队标志，张贴着小队公约、队长轮流表、活动计划、地点和聘请的家长辅导员名单，挂着记载用的小队手册等。小队之家既丰富了队员们双休假日活动的内容，又成了队员们的争章阵地，队员们在小队之家里读好书，长知识，学技能，显身手，队员们都愿意在小队之家里度过双休日。

雏鹰假日小队之家是经常开展活动的相对固定的场所，是属于小队自己的天地，小队之家能保证小队活动的正常开展，能增加小队的凝聚力。

雏鹰假日小队之家除建在队员的家里以外，也可以到室外寻找活动基地，作为小队之家，定期地有计划地组织活动。

三、少先队阵地建设和管理的基本策略

少先队阵地是少先队组织对少先队员进行教育的重要途径和基本形式。但是，不少学校的少先队阵地依然存在随意性、零散性和形式化等问题。学校所建立的少先队阵地因为没有"课程"意识，导致活动随意而零散，存在"有它不多，无它不少"的现象，使得少先队阵地在促进少年儿童发展方面的作用不够深远，没有真正发挥阵地应有的育人价值。

少先队阵地具有主体性、实践性、经常性、多样性等特征，在建设和管理中应注意以下策略：

（一）整体建构，综合开发

少先队阵地建设要重视整体建构和综合开发，不能随心所欲抽象地、孤立地去设置某个阵地。少先队教育阵地应该是在实践活动中不断生成、综合开发和整体建构的。整体建构和综合开发从具体方法上讲，一是要有基本的框架，即按社会文化、地域条件和与队员需要相结合而构建的阵地群。二是要形成完整的系统，既有展示特色和个性的主打阵地，又有为满足教育需要和队员需要的常规阵地；既要进行内部整合，加强各阵地间的联系，又要对外开放，不断进行信息交换，不断充实阵地。

（二）自主创建，全员参与

少先队阵地本身具有团结教育队员的功能，不能把少先队阵地仅作为少数"尖子"的舞台，要设法让全体队员都有参与阵地活动的机会。全校大、中、小队三级组织都要创建自己的各种类型的阵地。

还要积极引导队员以小主人翁精神建阵地、用阵地，自己的阵地自己管，自己的活动自己搞，自己的事业自己创，并在活动中动脑动手，发挥聪明才智，不断创建和丰富自己的阵地，使阵地成为全体队员快乐生活和成长的精神家园。

（三）完善制度，规范管理

"管理育人"是少先队阵地建设和管理的一条重要原则。少先队阵地要做到规范化、制度化、活动化、常态化，就要加强管理。少先队阵地的管理不是孤立的管理行为，除了明确管理人员的职责，建立和完善一套可行的管理制度还不够。一定要结合少先队的主题活动，配合少先队教育任务来管理、丰富和提升。要加强少先队员的体验教育，把阵地建设作为体验活动、体验教育来进行，让阵地的作用发挥得更充分，使阵地内涵更充实。

（四）发挥优势，打造品牌

少先队阵地的建设要本着实用、节约的原则，因地制宜、因陋就简，就地取材，多渠道、多形式、多层次地去创办。阵地主要由队组织自己创办，但也要从本地实际出发，根据当地的条件和特点积极发挥各种优势资源，可与有关单位联合创办，还要动员社会力量、家庭力量建设有地方特色的少先队阵地。少先队阵地建设还要与校园文化相联系，把少先队阵地融入校园文化之中，要在不断更新、完善与美化校园环境和景观中有机地加入少先队特定的内容，并努力打造自己的特色品牌。

（五）激励评价，开拓创新

少先队阵地要重视运用奖励机制，表彰表现突出的优秀教育阵地和优秀阵地管理人员。优秀少先队阵地一般要达到以下"四好"标准：一是组织好，建立以队员为主体的自主管理网络；二是管理好，建立以服务为宗旨的活动平台；三是活动好，建立以体验为重要途径的活动方式；四是制度好，建立以动态、开放为特征的运作机制。

（六）走向课程，实现"双赢"

少先队阵地要主动走向综合实践活动课程，使少先队阵地成为综合实践活动课程的实践基地。这对于充分发挥现有少先队阵地教育的有效性、规范性、长期性，改变目前少先队阵地活动的随意性、零散性和形式化等问题；对于综合实践活动课程的有效实施，增强少年儿童探究和创新意识，学习科学研究的方法，发展综合运用知识的能力，增进学校与社会的密切联系，培养少年儿童的社会责任感都具有重要意义。把少先队阵地与综合实践活动课程相整合，充分体现了综合实践活动课程对原有"活动"课程的继承与发展的理念，有助于实现少先队活动与综合实践活动课程实施的"双赢"局面。

经验分享

屠甸镇小少先队阵地建设侧记

我校新校区于2006年落成后，我们一直在努力着，探索着，在少先队阵地建设上也花了很多精力，也取得了不错的效果。

静态阵地建设

中队图书角——精神的食粮

在学校轰轰烈烈展开的"点燃读书激情，建书香校园"活动中，少先队要求每个中队将教室的转角开辟为中队图书角。队员们精心取名，细心布置，图书角成了每个中队的一道亮丽风景。队员们把自己的藏书拿来和大家一起分享，多了一种读书的乐趣。辅导员定时组织开展多彩的读书活动，让队员能从课外书中真正学到知识，使书本成为队员们精神的食粮。同时学校大队部和教导处结合读书活动开展一些读书比赛，使队员感受到读书带来的成功和喜悦。

古诗长廊——课间的娱乐

踏上"古诗长廊"，就好像翻开了一本散发着油墨清香的古诗集。在我校连廊两侧挂着一首首古诗。图文并茂的古诗长廊，既是"诗"的长廊，又是画的巨卷。队员常会三五成群地挤在一起，吟优美的诗句，读详细的注解，就如同在跟古人亲切交谈。品诗、赛诗很快成了队员们课间的娱乐，整个校园也洋溢着书香，浸润着多彩的童年，提升着文化品位。

名人引路——心灵的启迪

清幽的名人小路旁,七尊名人塑像端庄地矗立着,孔子、祖冲之、鲁迅、华罗庚……一位位名人正通过石墩上那隽永的名言向队员们讲诉着他们的拼搏历程、人生感悟、惊人智慧、博大情怀……队员们每天都经过这里数次,他们徜徉其间,浸润其中,感受着每一位名人的人格魅力,吟咏着人性的华彩,吮吸着精神的营养,丰厚着人文的底蕴。

艺术墙——才艺的展示

围墙上、教室外的墙面上画着的、挂着的是队员最新的杰作。色彩鲜艳的儿童画、充满童趣的水墨画、想象奇特的粘贴画、心灵手巧的剪纸作品……把我们的校园打扮得漂漂亮亮。队员们在创作美、点缀美、鉴赏美的过程中学会了做美的事和美的人。

宣传窗——社会的缩影

在每个楼梯的转角都有一个长长的宣传窗,这里也是队员们学习和展示的地方。可以是班级专刊布置:美轮美幻的书法作品、精心设计的手抄报、色彩斑斓的书签、心灵挥洒的作文……队员们不凡的智慧和创意跃然纸上,充满了梦想和乐趣;也可以是少先队活动专题布置:文明礼仪在身边、普及法律知识、廉政知识从小学……队员们在小小宣传窗中看到了大大的社会,及时让队员掌握相关知识,学会做社会的人。

动态阵地建设

崇道电视台、广播站——小窗口　大世界

新校区于 2006 年 9 月开始使用后,主控室添设了一套功能齐全的播音系统及电视设备。大队部就此成立了"崇道"校园电视台、广播站。这个宣传阵地成了队员们自编、自播、自导、自演的舞台。在本学期中经过小主人的讨论,开设了单周学习版、双周娱乐版共 7 个栏目:跟我学说普通话、校园七彩树、快乐英语、新闻袋袋裤、开心大巴、知识万花筒、班级才艺拼拼拼。值得一提的是大队辅导员亲自参与其中和一位队员主持"跟我学说普通话"节目,不仅为队员做了榜样,还活跃了校园气氛,效果比较好。

"绿卡行动"——小卡片　大作用

"绿卡行动"是我校少先队自创的一种激励机制,已经有 7 年的历史。在这个行动开展过程中，少先队在不断完善、改进。它面向全校每一个队员，只要队员某一方面的优点累积到一定程度，老师便可以发"绿卡"表示鼓励，绿卡积累到一定数量，便可评"星级绿卡标兵"。为了鼓励队员多得绿卡，学校规定：老师衡量一个队员是否优秀，不能单靠成绩，要用综合素质衡量。而衡量队员综合素质的标准，就是队员所获绿卡数量和"绿卡标兵"的星级数。近几年来，小小的绿卡，已经融入我校队员们点点滴滴的生活和学习中。

总之，独特的阵地建设营造出了一种朴实厚重的校园文化，生动多彩的活动更成为队员的精神家园。

（改编自：吕勤、陈泽英，2008）

少先队阵地把少年儿童从书本和课堂引向了大自然、大社会、大生活，给少年儿童创造了广阔的成长空间。通过丰富多彩的少先队阵地教育活动，也点燃了少年儿童求知的欲望和创新的火花，让他们在实践活动中增长了才干，更培养了他们对生活的热爱、对社会的责任感以及团结、合作、交往、创新的能力和精神。

当然，少先队阵地建设是一项长久而艰巨的工程。只要我们用心去发现，用心去创建，相信少先队阵地必定会像雨后春笋般不断涌现。

第五项修炼

活动,献给孩子们的精神大餐

——辅导员如何指导开展少先队活动

少先队活动是少先队教育的基本途径和方法,是少先队教育的主要手段。丰富多彩、自主参与的队活动能使少年儿童陶冶情操,扩大视野、增长才干,在集体中自我教育、相互教育,张扬个性,全面发展。可以说,少先队活动是少先队工作的灵魂。

少先队的活动,种类很多,一般分为两大类型:一是按规模大小,分为大、中、小队活动;二是按性质区分,分为主题活动、阵地活动、队务活动。除此以外,还有根据时间来区分的假期活动和传统活动。在假期活动和传统活动中,既可以举行规模不同的大、中、小队活动,又可以按其需要开展丰富多彩的主题活动、阵地活动和队务活动。

大、中、小队的活动越是丰富多彩、生动活泼、经常持久,队的生命力就越加旺盛,队组织的凝聚力也就越加强大,少先队员素质的全面发展也就越加有效,少先队组织也就会越加朝气蓬勃、充满活力。

那么,辅导员如何来开展好少先队活动,给孩子们献上精美的精神大餐呢?

我们首先要来了解一下少先队活动的一个重要的内在规律。这个规律简单地说就是:"出自孩子,符合孩子"。我们开展少先队的大、中、小队活动，必须符合少先队活动的这个内在规律。"出自孩子，符合孩子"的活动孩子们喜欢，孩子们喜欢就有积极性，有积极性就愿意搞活动，愿意搞活动少先队就活跃。这是良性循环。完全是少先队员、少先队集体在主动、自动运转，是少先队组织在发挥作用。反之，会出现恶性循环，不是孩子们自主开展的，而是成人施加甚至强加的活动，孩子们不喜欢，不喜欢就没有积极性，没有积极性，活动就搞不起来，于是少先队便失去活力。后者使少先队员、少先队集体处于被动状态，而辅导员在发号施令、主宰指挥。

因此，我们必须讲求大、中、小队活动的组织性、自主性、多样性、趣味性、针对性、实践性和实效性，真正把少先队活动丰富起来，真正让少先队活跃起来。

一、少先队活动策划的基本原则

活动是少先队的生命力。丰富与发展新时期的少先队活动，是少先队工作的重要任务。如果要让少先队活动真正具有强大的教育意义，并让队员喜欢，就需要对活动进行认真的策划。

所谓策划就是对少先队活动的筹划与设计。策划是活动的开始，是事先拟定活动主题、内容、方法和步骤。策划不仅仅是工作的安排，更是创新的设计，使队活动有目的、有秩序、有计划地进行，创造性地得到开展。策划和实施一个队活动一般需要经过以下几个环节：调查研究，确定主题；经验搜索，学习启迪；宏观构想，框架设计；完善方案，设计亮点；分配任务，实施准备；逐层策划，逐步落实。在整个活动的策划和实施过程中，我们还要遵循一些少先队活动的基本"套路"，这个"套路"就是少先队活动策划的基本原则。

（一）质疑"大锅饭"——倡导"分层教育"

"大锅饭"原指在锅里做的给多数人吃的普通伙食，与"吃小灶"对称。

长期以来，少先队活动也存在着一些"大锅饭"的现象。少先队活动的"大锅饭"化，主要是指少先队活动体系相对平坦、层次不够清晰。主要表现在少先队活动目标笼统、无层次或层级目标划分不够准确；内容无序列；活动存在一定程度的简单重复和脱节。从而导致少先队思想教育的针对性不强，实效性不强，整体性不强。

我们经常可以看到一些学校组织的少先队活动不分年级不分中队，一律大部队行动。低年级队员的活动和高年级一样，不同个性、不同特长的孩子活动一样，导致队员对活动不感兴趣，不能积极投入，教育效果不佳。因为不同年龄的孩子有不同的心理特点，不同年龄的孩子兴趣点完全不在一个层面上，缺乏针对性的关照，活动只会收效甚微。比如说，每年学雷锋日，都是看雷锋生平展览，对于低年级队员来说，起不到多大作用。而多年一成不变的学雷锋活动，又使高年级队员失去起码的新鲜感。

这就要求我们在策划和实施少先队活动的时候要进行"分层教育"，对少先队活动进行分层次化、分年龄化、分对象化实施，使辅导员对全体少年儿童的服务更加务实、具体、多样。这样，就能有效提高少年儿童对少先队组织提供的思想教育产品的选择度，增强少先队组织在少年儿童中的吸引力和凝聚力。

少先队分层教育就是指少先队围绕组织属性，根据工作对象的不同年龄、心理、区域、群体等特质和发展需求科学划分层次，按共同发展的原则，确定出不同层次的教育目标、教育内容、教育方法、活动载体和评价方式来进行教育的一种方法。说得更直接一点，少先队分层教育就是"分层来教育，教育来分层"。"分层来教育"是指教育的对象需要分层，也就是少先队组织体制需要分层。"教育来分层"是指教育目标、教育内容、方法载体、评价方式需要分层，也就是少先队教育的内容体系需要分层。

1. 活动目标凸显分层化

活动目标对少先队活动具有调控和导向的作用，对少先队员具有诱导和激励的作用。它既是少先队活动的出发点，又是少先队活动的归宿。所以活动目标的制订对少先队活动教育效果具有决定作用，因而必须结合少年儿童的心理、年龄特点及认知水平，提出不同水平的活动目标。

《纲要》遵循教育规律，按照课程的基本要素和特点，揭示了不同年级少先队工作内容的内在逻辑联系,从低年级到高年级循序渐进,体现了少先队教育的进度性、整体性和一贯性。如少先队组织教育的目标,就体现了层次性:一年级是入队前的《队章》基础知识教育;二年级是队史教育、队的创立者和领导者的教育;三年级是少先队组织意识教育;四至六年级着重锻炼队员参与组织建设的能力;初一年级是中小学少先队工作衔接和团的基础知识教育;初二年级是离队工作与"推优入团"。

经验分享

浙江省绍兴市成章小学在开展"爱科学"为主题的科技教育活动中,构建了与学生年龄相匹配的各年级段科技创新分层目标体系。

低年级:主要是从细心呵护儿童与生俱来的好奇心入手,培养他们对科学的兴趣和求知欲,初步形成大胆想象、敢于创新的科学态度和科学情感。

中年级:主要引导队员学习与周围常见事物有关的浅显的科学知识,并能应用于日常生活,逐渐养成科学的行为习惯和生活习惯。

高年级:重在了解科学探究的过程和方法,并尝试应用于科学探究活动之中。逐步学会科学地看问题、想问题,积极参与资源和环境的保护,关心科技的新发展。

(赵燕飞,2009)

我们不难看出:在目标的设置上,各年级段都是不一样的,是逐步递进的,是有层次的。

2. 活动内容实施分层化

少先队分层教育要以少先队活动内容分层化为主要依托。因此,需要我们遵循教育对象的心理和认知发展规律,科学规划少先队分层教育的活动内容体系。

经验分享

浙江省上虞市滨江小学在开展乡贤教育活动中确定了一条"知乡贤(明事迹)、赞乡贤(悟精神)、学乡贤(见行动)"的活动主线,并分低、中、高年级

大队设置了分层化的系列活动内容。

"知乡贤、明事迹":低年级进行"听乡贤故事"活动;中年级进行参观采访活动,设计乡贤名片和乡贤书签活动;高年级进行假期社会实践活动,编写乡贤小报。

"赞乡贤、悟精神":低年级开展"乡贤小时候"故事会、"乡贤颂"诗歌朗诵会;中年级开展"乡贤"征文;高年级举行乡贤文化节。

"学乡贤、见行动":分层实施"学乡贤 见行动 小行动 大责任"影响力黄金表记载,低年级设立孝心存折,中高年级运用乡贤名片激励卡等作为"见行动"者的激励措施,在各中队建立了"爱民小贤人"个人成长档案。

(冯菊迪,2009)

 **经验分享**

某所学校开展热爱家乡的教育活动,也采用了分层实施的办法。

低年级

主要活动形式:讲故事。主要活动内容:我的家乡我知道——了解家乡的人和事(讲村子里的感人故事;讲家乡的名人故事;讲改变家乡面貌的故事)。

中年级

主要活动形式:参观走访。主要活动内容:我的家乡在发展——发现家乡的新变化(参观家乡的乡镇企业;参观家乡的特色农业;走访家乡的模范人物)。

高年级

主要活动形式:角色模拟、小课题研究。主要活动内容:我是家乡小主人——做一件有利于家乡发展的事情(组织队员去参观考察,写调研报告,到实验田进行科学种植劳动实践;开展"我是家乡宣传员"、"为家乡发展献一计"活动)。

(张明芹,2009)

探索少先队活动分层教育的有效途径已经成为了当前和今后一个时期少先队的工作重点。共青团中央书记处书记、全国少工委主任罗梅同志在全国少工委五届五次全委会上讲话指出:"当前和今后一个时期少先队的工作重点是探索对少年儿童分层教育的有效途径。"

当然,我们也必须清醒地认识到:实施少先队活动分层教育是一项系统工程,需要一个长期实践总结和不断创新的过程。

(二)质疑"短平快"——倡导"深入持久"

"短平快"是排球比赛的一种快攻打法,二传手传出弧度很小的球后,扣球手迅速跃起扣出高速、平射的球。

少先队活动的"短平快"现象主要是指活动的周期很短,长的是一星期,有时甚至只有一天时间、一节课时间,而且活动一结束就戛然而止、万事大吉、没有"余音"了。好多活动,孩子们还来不及明白活动的意义,就已经结束。有时,孩子刚刚有点兴趣了,能力刚刚开始增长了,活动却停止了,以后再也没有说起了。一天的活动,恐怕在孩子心里连一天的印象都难以留下,因此便成了时间短寿命更短的活动。这样蜻蜓点水式的教育是无效教育,是不符合孩子身心发展特点的教育,是缺乏连贯性的教育。

任何活动缺乏一定的周期,都难以取得实质性的效果。少先队活动也要留有足够的活动周期,这样才能逐步培养孩子的兴趣,取得预期的效果。因为,少年儿童的品德习惯、人生态度、各种能力的养成是一个长期的过程,起码需要半年到一年的时间。

少先队活动要保证"深入持久",就要围绕一个主题,设计一系列活动,让队员在整个过程中得到体验,受到教育。少先队活动一般不是短平快的,而是长期且有效的。

经验分享

一所学校开展的"让绿色童谣唱响校园"主题活动,就是设计了一系列活动:设计童谣节的标志、征集童谣节的口号、进行童谣大搜集(爷爷奶奶喜欢的童谣、爸爸妈妈喜欢的童谣、老师喜欢的童谣、我们喜欢的童谣)、"命题童谣编写"比赛、编写童谣手抄报、唱着童谣跳皮筋、"童谣朗诵"比赛。这项活动项目也在全国优秀队日队会评比中获得了"魅力杯",以"绿色童谣"为特色的少先队系列活动已经历时3年,并且还在一如既往地开展下去,培养了少先队员的能力,打造了少先队品牌,培植了校园文化。

(陈晓凤,2007)

一所学校开展的"文明之花永绽放"活动也是历时一个学期,取得了明显的成效。活动设计了以下一些活动环节:

 **经验分享**

"文明之花永绽放"活动思路:

第一环节:搜索不文明

(1)发动队员们以小队为单位开展调查,了解校园、社区中的不文明行为,并用图片、日记的形式记录下来。

(2)发动队员们讨论,分析不文明行为产生的根源及危害,并通过校园电视台、广播台、橱窗进行发布。

(3)举办"我心中的文明"、"呼唤文明"等专题演讲或主题队会。

第二环节:告别不文明

(1)友情提醒——通过给小伙伴写一封提醒信或送一张友情卡,友善地指出其不足。

(2)热情倡议——向全校队员发出倡议,告别不文明行为。

(3)文明论坛——从典型事例出发,与队员们探讨应该怎样做到文明。

(4)特别行动——成立校园110、假日别动队、礼仪美容院等社团组织,在校园、社区、家庭中开展文明大行动。

第三环节:文明成果筐

把在文明行动中获得的父母、邻居、同学的赞扬语记录下来,装进"文明成果筐"里,在专门的时间,读给小伙伴们听,让更多的人分享自己的快乐。

第四环节:文明小学员

根据中队制定的文明学员标准,开展"文明小学员"评比活动,并为其佩戴"文明花"。

(杨荣、陈洁,2004)

（三）质疑"应景式"——倡导"巧妙创新"

所谓的"应景"就是为了适应当前情况或当时的节令而做某事。

现在有很多少先队活动就是为了配合一些节日、纪念日或者完成上级部门的一些任务。比如清明节就要去扫墓，3月5日就要开展学雷锋活动，重阳节就要去敬老院。不是说要抛弃这些传统的经典活动，只是因为，我们的好多辅导员只会简单重复昨日的故事，往往是为了活动而活动，为了完成任务而活动，每年的活动都是千篇一律，形式上高度雷同。开展主题活动也无非就是倡议书、承诺书，还要搞全校师生大签名。其实这样的活动效果并不好，活动没有特色，没有说服力，很难对队员起到教育作用。

传统的少先队活动对少年儿童而言，已经失去了基本的吸引力。少先队活动必须强调"巧妙创新"。

其实，少先队的活动要做到"巧妙创新"并不难，关键是在策划和实施队活动时要充分运用创造性思维，就是要"想得开、想得活、想得奇"。"想得开"是指思想开阔，思维敏捷、流畅、通顺、发散数量大；"想得活"是指思维不死板，不拘泥，灵活应变，举一反三，触类旁通；"想得奇"是指思维的独特性，想得与众不同，异想天开，打破常规和定势。"想得开"是指创造性思维的数量，"想得奇"更多地代表它的本质，而"想得活"则是过渡的桥梁。"开"中有"活"，"活"中出"奇"。

经验分享

少先队活动中经常要举行故事会，怎么让普通的故事会也让队员喜欢呢？我们可以举行一次"童话故事会"，队员会感到非常有趣，第二次进行时，锦上添花，变成"化装故事会"，队员更加兴奋，积极参与，第三次又改进，变成"半截故事会"，只讲一半，由队员自己主动编出结果。这样一来，一个普通的小活动，通过辅导员的巧妙构思，使活动得到变通，富有新意，也使队员在活动中发挥了自己的想象，感受到活动的美。

（张先翱，2007）

少先队活动要做到"巧妙创新",我们可以从以下几个方面做些尝试:
1. 模仿经典好活动

策划活动和科研有所不同。科研中的"文献搜索"目的是回避已有的做法,寻找与众不同的创新点。策划活动主要是教育队员,人家有好经验、好做法,只要对你的队员教育有利,你尽管学习、借用,不必回避,而且可以受到创新的启发。许多活动都是精品范例,会给你的活动策划以新思路,使你豁然开朗。这种学习借鉴是你埋头五年、十年所不能及的。有些好活动,显然不新鲜,但我们学校没有开展过,对于我们学校的孩子来说就是新的。因此,我们完全可以模仿一些经典的好活动来开展我们自己的活动。

2. 改进他人老活动

在学习模仿的基础上,对其他学校开展过的一些好活动进行分析,找出它的缺点和不足,并进行点滴的改进,然后再实施。

如:有些学校的校级"少年先锋岗"每周举行一次,感到有些形式化,于是进行改进,变成"一月一次先锋岗",选择该月先锋人物纪念日、安排先锋宣传周、当日站立先锋岗。

如:在一次入队仪式上,一位辅导员别具匠心地把近百条红领巾拼搭成一条巨大的"红领巾"。近百名新队员依次从巨型"红领巾"上取下一条条红领巾,把它披挂在胸前……此时,新队员人人激动不已,好多新队员的家长也很感动,活动取得了非常好的教育效果。另一位辅导员观摩了这个入队仪式以后,第二年也搞了一个类似的入队仪式。但是,他把近百条红领巾拼搭成了一面巨大的"红旗",那就具体体现出了"红领巾是红旗的一角"的含义,设计就更别出心裁了。

3. 嫁接活动出活动

"结合创新"是一种非常重要且普遍运用的创造方法,就是把原有的两种或两种以上的事物,巧妙地进行加工组合,创造出另一种新事物。在少先队活动的设计中,把两个活动嫁接在一起,也就出现了另外一个活动。

如:"智力登山"就是把智力竞赛和登山活动嫁接在一起而产生的。"文明飞行棋"是把文明礼仪教育内容嫁接到"飞行棋"上而产生的。通过进、退、停来教育孩子相关的文明礼仪知识。"国旗下讲话"是以前的晨间谈话与升国旗活动的结合。

4. 联想派生新活动

联想是指运用流畅灵活的发散性思维，由一个事物或概念而想到与它有关的另一个事物或概念。在少先队活动的设计中，我们可以通过联想由这个活动派生出另外一个活动。

如："创造杯"大赛中有一个著名的活动——"希望"。每个孩子的名字都蕴含着一定的意义，寄托着父母的殷切希望。于是，辅导员就以队员们的名字为内容，理解长辈对孩子的殷切希望，向队员进行一次理想和感恩教育。从"希望"队会开始，不断派生出了新活动。

从名字想到姓氏，于是让同姓队员组成临时小队，搜集古今同姓名人的生平事迹，举行"我们家族名人多"的主题活动，让队员们自豪地介绍各自家族的名人故事。使队员们受到了一次生动的榜样教育。

又从姓氏想到自己的生肖属相，利用队员们的属相也可以搞队活动。如 2010 年是虎年，可以搞一个"下一个虎年来相会"的中队活动，让队员们充分发挥想象力，说说在下一个虎年到来之际，我们再次相会，那时大家各自在干什么。这是一种理想教育。

从生肖又想到生日，于是吸取"历史上的今天"栏目的形式，每个队员了解自己生日那天，古今中外曾发生的某件大事，举行"在我生日这一天"的活动。

5. 瞬间灵感抓活动

作为一名少先队辅导员必须具有教育的敏感性，无时无刻不在寻觅少先队活动的教育契机。队员当中发生的偶然情况，引发教育的灵感，常常可以成为一个很好的少先队活动。当然，由瞬间灵感而产生的活动属于不能预先策划的活动。

一位辅导员发现学校食堂中餐后的饭菜浪费现象非常严重，于是就产生了活动的灵感，策划并指导队员开展了"校园浪费现象的研究"探究性主题实践活动，收到了较好的教育效果。

6. 逆向思维想活动

逆向思维是人们重要的一种思维方式。逆向思维也叫求异思维，它是对司空见惯的似乎已成定论的事物或观点反过来思考的一种思维方式。敢于"反其道而思之"，当大家都朝着一个固定的思维方向思考问题时，而你却独自朝相反的方向思索，这样的思维方式就叫逆向思维。

辅导员在少先队活动的策划和实施过程中，可以在活动的时间和空间上，活动的主体和客体地位的转换上，对活动内容分析处理的角度上，活动的途径和方法的变幻上充分运用逆向思维，从而产生别出心裁、有新奇感的活动。

如：老师批评学生是理所应当的，能不能让学生给老师提点意见？于是，"给老师说句悄悄话"活动就产生了。每学期老师要给学生们写评语，咱们能不能给老师也写个评语？于是，"给老师写评语"活动产生了。

如："三八"节该为女同胞过，而北京四中的队员们却开展了一个"为男老师过三八"的活动。队员们缝制了围裙送给男老师，希望老师在家里多做家务，减轻师母的家务负担。

活动设计的角度与众不同，或与以往的不同，队员就会被吸引，并主动去参与，从而获得良好的活动效果。因此，我们一定要高度重视少先队活动的创新设计，让充满新意的少先队活动调动队员参与的积极性，激发队员对活动的热情，让队员在活动中创造快乐和享受快乐，做到快乐参与、快乐玩耍、快乐思考、快乐成长。

（四）质疑"成人味"——倡导"贴近儿童"

在好多活动中，往往是以辅导员为主，辅导员策划、辅导员组织、辅导员操作，队员只是在活动中被动地完成着辅导员安排好的一切，队员缺乏主动性，活动缺乏生气和活力，充满"成人味"。

某中队一次中队活动的主题是"做个遵守纪律的好队员"。活动伊始，辅导员机械地逐条朗读学校的规章制度，最后请队员集体签名。期间，辅导员不厌其烦地讲空洞的教条理论，队员昏昏沉沉地听理论，这种"言者谆谆，听者藐藐"的少先队活动，效率实在令人担忧。

可以这样说,当队员意识到你是在教育他时,也就意味着你的活动已经失败。队员拥有强烈的自主意识,尤其是正处于心理过渡时期的小学高年级队员,他们开始有了自己的想法和观点,他们不愿意被动地接受学校安排的活动,他们的自我意识增强,渴望被关注,渴望被认同,渴望个性的张扬。倘若我们的活动意图过于直接,只重视道德知识的灌输及是非判断能力的培养,很容易引起队员的抵触心理,导致他们对活动的漠视,甚至带来诸多负面影响,如"言行不一"、"知情不动情"等。故而,成功的少先队活动不应是单刀直入地"成人式"说教灌输,而应该是春雨润物,使队员在活动中产生真实、真切的道德体验,从而真正达到道德的内化。

同时,现在孩子比较早熟,接受新鲜事物能力很强,他们很容易受社会流行趋势的影响,并乐于模仿,一些传统的少先队活动在他们看来没有吸引力,他们在参与时也没有积极性。

因此,在策划和实施少先队活动时,要贴近少年儿童的思想、学习和生活实际,贴近他们的心理特点和年龄特征。要全面了解当代儿童关心什么、喜欢什么、爱好什么。活动前,作为辅导员要进行深入细致的调查,了解队员的学习、生活和思想动态,把握时代脉搏,从而确定符合队员需要的活动。

 **经验分享**

浙江省上虞市金近小学是享有"中国安徒生"之称的著名儿童文学作家金近先生的故里,该校秉承"童心、童真、童趣"这一儿童教育思想,充分挖掘金近人文资源,积极实施"素质教育童话化",是全省有名的童话教育特色学校。小朋友们喜欢在童话般的乐园里读童话、写童话、唱童话、画童话、演童话,在童话世界里寻找什么是真,什么是善,什么是美。

2006年3月,胡锦涛总书记发表了"八荣八耻"的重要讲话以后,学校少先队组织一直在思考如何结合自己的少先队特色,开展既具教育意义,又符合小学生认知实际的"学八荣,拒八耻"活动,把总书记的指示真正落实到小学生的生活实际当中。为此,学校针对小学生喜爱看动画片、读童话故事,崇拜个别动物形象的特点,在校园里开展起了"八荣"卡通形象设计,让学生们自己设计喜闻乐见的卡通形象,作为"八荣"的榜样人物。活动倡议一出,立即得到了全校1000余名小学生的广泛参与,同学们纷纷亮出了自己心目中的卡通形象,少先队大队部将全校22个中队队员设计的卡通人物,绘制或剪贴成22张八荣形象专题小报,并在每个形象下面说明推荐的理由及主要的精神品质。然后全校集中在宣传窗展出,请全体学生投票评选出校级八荣卡通形象。经过一星期的展评,最后评出了黑猫警长等8个卡通形象作为金近小学低段学生的八荣形象代表。它们是热爱祖国的黑猫警长、崇尚科学的机器猫、团结互助的葫芦兄弟、诚实守信的小鸟(作品《去年的树》中的形象)、服务人民的小公鸡、遵纪守法的唐僧、辛勤劳动的小蜜蜂、艰苦奋斗的老牛等。

学校大队部还组织开展了丰富多彩的"八荣"主题活动:"八荣"形象绘画赛、"八荣"歌曲PK赛、"八荣"游戏狂欢节等。更有意思的是,小朋友们还为校园里的八条小路取上了诸如"警长路"、"叮当路"、"葫娃路"等"八荣"卡通路的名字。可爱的卡通形象、鲜艳的字体色彩、稚趣的推荐理由,为童话乐园增添了一道亮丽的风景线,使"八荣"这一严肃、抽象的主题,化成浅显易懂、生动有趣的卡通形象,达到了寓教于乐的目的。

(改编自:邵瑞,2007)

不是刻板的教育灌输,不用死记"八荣八耻"内容,小朋友们在寻找、绘制、剪贴"八荣"形象的过程中,已经潜移默化地接受了教育,明白了荣辱观的内涵。"八荣"卡通形象设计活动在金近校园极受小朋友们的青睐,因为这是孩子们自己参与设计出来的活动,这是贴近儿童的活动。

好多地方都要求"廉洁教育"进校园。如果学校只是一味地对学生进行说教式的廉洁教育,那么,最后学生会连到底什么是廉洁教育都搞不清楚。河北省巨鹿县育红小学开展的"戴洁净红领巾,做廉洁小公民"活动很好地诠释了什么是"贴近儿童"。

经验分享

学校为了使学生从小养成廉洁奉公的好品德,就从"清除书包里的小私字"开始,制定"廉洁小公民公约"。许多同学纷纷退还了从公家拿的稿纸、信纸、单据票、处方、墨水等物,做到不坐公车、不吃公饭、不占公家便宜,同时还制定了"家庭小哨兵职责",监督家长做"廉洁大公民",说服家长不搞不正之风,不收礼,不受贿,不贪污……学校还给做得好的家长颁发"合格爸爸"、"合格妈妈"证书。

(张杏云,2006)

这一活动非常贴近队员的实际,很有实际意义,很快引起了社会的强烈反响。

(五)质疑"概念化"——倡导"化小化实"

长期以来,我们好多辅导员在贯彻全国、省市级少先队组织布置的工作任务时,都存在着一个普遍性的问题——光喊空口号,上下口号一般粗。这就导致我们有的基层少先队活动出现了"概念化"的现象。因为全国、省市级少工委提出的口号是战略性的,是长期的,不是短期的,是面对一亿三千万少年儿童的,如"民族精神代代传"主题教育活动。如果把战略性的口号作为一次活动的口号,肯定就会使少先队活动概念化。其实,这并不是真正贯彻上级少先队组织的号召,是我们有些辅导员学会了偷懒。

少年儿童接受教育是由小到大,由低到高,由浅入深,循序渐进,日积月累的。作为学校层级的基层少先队组织应该把上边的口号和要求化小、化实、化巧、出新,并在活动策划实施中做到从小处入手,目标小,坡度缓,功夫细。

着力"少儿学院",弘扬"乡贤"精神,深化"民族精神代代传"教育

2003年初,全国少工委提出在少年儿童中开展弘扬和培育以爱国主义为核心内容的"民族精神代代传"教育活动,浙江省上虞市少工委在团市委、市教体局的关怀和上虞乡贤研究会的支持下,结合实际,把"中国了不起、中国人了不起、做个了不起的中国人"三个"了不起"的主题化小，创建了"上虞乡贤研究会少儿学院"，开展"知乡贤、颂乡贤、学乡贤，做个了不起的上虞人"的主题教育活动。根据少年儿童的特点，先后组织了多次内容丰富多彩、形式生动活泼的活动，如"乡贤的少儿时代"故事比赛、"乡贤颂"诗歌朗诵比赛、"乡贤在我心中"课本剧表演，以及走近乡贤"港澳行"、"北京行"、"南京行"等，受到广大少先队员的欢迎和社会各界及家长的肯定。

各分院在"民族精神代代传"主题教育中，更是百花齐放，各显其能，充分运用为少年儿童所喜闻乐见的形式，活动开展得有声有色。

夏丏尊小学依托乡贤夏丏尊的"爱的教育"思想，在全校师生中开展"爱心天天伴我行"主题活动，活动内容由队员做主，活动形式精彩纷呈，在校园、家庭和社区建立许多"爱心岗"，让"爱心"常伴师生，长驻家庭，现身社区，教育获得了丰硕喜人的成果，师生有了深刻感人的体会。

位于申奥功臣何振梁家乡的崧厦镇小开展了"沿着何爷爷的足迹前进"主题教育活动，他们从"何爷爷故事知多少"开始，通过"零距离接触何爷爷"、"学习体育健儿，争当拼搏小勇士"，落实到"我是爱乡好少儿"。

上虞古城丰惠有着众多的乡贤，胡愈之、吴觉农、叶天底、王一飞、何云……翻开每位乡贤的历史，都有着一个个动人的故事，记录着一个个奋斗者的自励、有为者的自警。这些乡贤名人在我们面前竖起了一面面永远不倒的旗帜。丰惠镇小大队部精心设计活动载体，定阶段、分层次积极开展"乡贤精神伴成长"活动："观访结合——知乡贤"，参观革命遗址、观看乡贤图片，了解乡贤事迹；"文采飞扬——写乡贤"，低年级是"一句话说乡贤"，中高年级是写体会，自编自演儿歌、课本剧；"精彩纷呈——颂乡贤"，不仅称赞历史乡贤、已故乡贤，而且更重视讴歌现实的楷模，讲故事，搞演讲，以各种形式的活动、游戏为载体，在活动中歌颂乡贤，学习乡贤，激发民族自豪感，让乡贤精神永伴我们周围；"激情昂扬——做乡贤"，在此基础上，根据各中队的特点，以身边的名人、乡贤名字命名中队，如"王一飞中队"、"胡愈之中队"等，把大队部精心设计的牌子，挂在教室的大门上，让队员们时时刻刻以身边的乡贤为榜样，争做新时代的乡贤。

作为竺可桢的母校，东关街道中心小学的"竺可桢分院"，以竺可桢故居这一实践基地为切入口，立志传承竺可桢的"求是"精神，开展"科普特色教育"活动，学习竺师精神，做特色文章，提出了"引领学生走向科学人生"的科普教育目标，同时开设了"竺可桢文化长廊"、"科普文化知识长廊"，图文并茂地向学生展示了竺可桢先生的科学精神、在科学上取得的巨大成就，以及当代科学领域的成果，激发学生的科学探究欲望。

金近小学的学乡贤活动，则在"传承金近精神，续写美的童话"上，下足了工夫，做出了成绩。他们把童话搬进校园，使校园环境处处有童话，校园文化处处有童话。分院成立了小鲤鱼宣传一条龙阵地，"小鲤鱼"广播里，利用课间、午间、晚学时间播放童话歌曲、童话故事；教学楼的栏板上，挂着四块金近名作《小鲤鱼跳龙门》的巨幅故事展板；每幢楼的正面悬挂着十个经典儿童诗、十个经典童话故事、十个经典寓言故事、十个队员亲笔所写童话故事的展板；教室的学习园地上也展览着队员们的童话作品。此外，分院还注重对各项教育教学细节童话化。如分院的校徽、校歌、校报均取材于金近先生的作品，就连学校的上课音乐也换成了金近作词的《劳动最光荣》歌曲，力求让校园空气中散发童话香，多角度、全方位地创设"学乡贤"的氛围，让队员无时不感到金近先生的存在，感到榜样的力量，让队员在童话的乐园中健康成长。队员们根据不同的研究内容，开展各自选择多种童话的少先队活动，有读的童话、讲的童话、画的童话、演的童话、做的童话、玩的童话、唱的童话，主题队会有童话，活动基地有童话，大型节会有童话，以此开展生动的"学乡贤"活动，使每一位队员得到良好的童话熏陶，潜移默化地接受童话美的教育。

梁湖镇小以乡贤文化教育为主线，紧紧围绕家乡"三贤"——张杰、王望霖、曹娥的典型事例和优秀品质，多渠道、全方位地开展体验教育活动，在学生中养人文气韵、正道德习惯、增家乡意识、塑美好心灵，奏响了学校少先队工作特色之曲。他们通过美化环境造氛围，"三心教育"正行为，体验活动激活力，诸如"千封家书传孝心"、"千双小手送春风"、"千张小嘴话诚信"、"千篇日记写真情"，形式多样，特点鲜明。该校还寓心育于学乡贤活动之中，促进学生心理素质的提高。如在三个"了不起"活动中，引导队员走上社会，搜集、访问"了不起的梁湖人"，从而在活动中提高人际交往心理素质，培养合作精神和意志品质,增强自信心,使学校的少先队工作更具魅力,更显实效,更上一层楼。

浙江省上虞市少工委带领全市少先队组织通过唱响乡贤之歌,让民族精神真正注入了孩子的心田,一代一代传承下去。

(改编自:张杏云,2008)

 经验分享

全国少工委在早些年前就提出"加强农村少先队工作"的口号,以"争当科技小能手"农业实践活动和争创"文明小使者"倡导新风活动为载体,推动农村少先队工作的新发展。作为农村基层学校,浙江省上虞市盖北镇中心小学积极响应,早在1999年就提出了"以农为本",高奏"科技兴农"的主旋律,进行少先队农业科技实践活动的总体思路。全镇四所学校立足实际,分别建立了红领巾葡萄研究基地、红领巾花卉苗圃、蔬菜暖棚基地、科技小梨园等农科实践基地,基地总面积达12亩。

在开展农业科技实践活动的过程中,四所学校充分利用队员的条件优势,发挥队员的专长,结合大、中、小队的特点,搞"八个一"活动:①收集一条农业科技小信息;②讲一个农业科学家的故事;③做一次农业科技小实验;④读一本农业科技书;⑤写一篇农科小论文;⑥参加一次科技小考察;⑦搞一日农业科技服务(成立"小小顾问团",把自己在平时总结的经验以及从农技员、优秀果农、报刊杂志那里收集到的信息整理出来,以村民喜闻乐见的形式向他们全方位地介绍、宣传科学种植的重要性。为村民献计献策,向广大果农宣传讲解,以避免不必要的经济损失);⑧举行一次农科夏令营活动(每年的八月份,学校大队部组织一次农科夏令营活动,农科院全体小园丁都参加并邀请科技辅导员、校领导及部分家长参加。在活动中,小园丁们表演丰富的文艺节目,进行"赏、听、摘、卖、议"系列活动,举行欢乐的丰收节、瓜果品尝会,评比优秀小园丁,举行红领巾农科院职称晋升仪式……让小园丁们在活动中有玩、有吃、有荣誉,真正体会到劳动创造乐趣)。

"一"具有打基础的意义,具有典型的意义,更具有普遍的意义。"八个一"活动要求单一、明确,便于检查,能调动广大少先队员的积极性,促使人人参加活动,人人动手动脑,把农业科技实践活动的要求落实到每个队员身上。

(谢金土,2005)

主题"小"的活动利于孩子参与,便于孩子操作,便于调动孩子的积极性,便于启发孩子的创造性。这样的活动,对孩子们才有吸引力。

搞少先队活动就是为了让队员受到教育,因此,策划和实施少先队活动也不能光做表面文章,要尽量发掘教育内容并做到实实在在、讲求实效,让教育入心入脑,刻骨铭心。

下面的"孝敬老人"体验教育主题活动的实施过程,非常值得我们借鉴。

"孝敬老人"体验教育主题活动流程

第一步,侦察发现问题。

下雨天,放学了。队员们在校门口当起了侦察员。很多老人等候在校门口。校门开了,孩子们奔向自家的老人,有的老人帮孩子穿雨鞋,有的老人一手帮孩子提书包,一手为孩子打伞……队员们发现了问题,为什么这样简单的事情同学自己不动手却让老人做?

第二步,开展调查研究。

队员们一致同意,组建"老人与小孩"课题研究组。开始调查研究:有的到队员家里,调查老人与小孩的关系;有的调查老人的生活状况与需求。调查统计:老人经常照顾小孩的占95%,小孩帮老人做过事的占30%,老人把好吃的东西留给小孩吃的占81%,小孩吃东西想到老人的占23%,老人知道孩子生日的占100%,孩子知道老人生日的占5%,老人在家感到孤独的占91%……

第三步,讨论产生公约。

面对调查结果,同学们脸红了。怎样改变现状?队员们展开讨论:"我能为爷爷奶奶做什么?"大家各抒己见:再也不嫌他们唠叨了,每天陪他们聊天;每天主动陪爷爷去锻炼身体;把好吃的点心和外公分享;整理书包、削铅笔等自己的事情自己做。"敬老公约"由此产生,敬老行动开始。

第四步,实践体验敬老。

队员们纷纷实践着自己对老人的承诺,小队长高兴地向辅导员说明情况,辅导员建议暗访检查大家执行公约的情况。队长发现,A陪爷爷聊天只两天;B陪姥爷锻炼身体坚持一星期;C与奶奶分享点心做得不错;D自己的事情自己做,可是做得不像样,姥姥不让做了;E不错,经常给奶奶打电话。

小队为"公约"执行不好而苦恼时,辅导员带领他们到兄弟中队考察了队员F孝敬聋哑奶奶的感人事迹。小队队员们被深深感动了,他们召开了第四次小队会,做得不好的队员承认了自己的短期行为,大家决心学习F。于是又有了一个新的活动"比一比谁的爱最长久",大家商定评选"金牌孝心奖"。由此保证了实践活动。

第五步,持久养成习惯。

小队的爱在继续,小队的行动得到很好的反响。小队公约在全校发布后,有了更多同学的督促与响应。老人们理解、支持孩子们的行动。队员们每天做的全都是些小事,但好习惯就是在每天必做的小事中养成了。

(沈功玲,2008)

少先队的活动主题要小、针对性要强、构思要巧、工作要深。这样孩子就能接受教育,因为这是符合少年儿童接受教育的规律的。

(六)质疑"简单化"——倡导"有趣生动"

少先队活动设计要"有的放矢"。这个"的"有两层意思:一个指为什么要设计这个活动,也就是说,队活动的设计要针对队员的学习、生活、思想的实际,要让队员有所得;二是指为谁设计活动,就是说,队活动的形式、内容要适合队员的年龄特点,要让队员喜欢。少年儿童最喜欢有趣生动的队活动。

📖 **经验分享**

在"五自"活动中,有个低年级的中队辅导员,为了让孩子们懂得一些日常生活中遇到紧急情况该怎么处理的自护知识,就设计了一个小队"春游"活动。在"春游"活动的过程中,设置了诸如"脚扭伤"、"鼻出血"、"灰沙进眼"、"鱼刺哽喉"、"晕车船"等情景,通过活动,使队员知道了解决问题的办法和知识。由于活动的游戏性强,有趣生动,所以,参加活动的队员自始至终保持了很大的兴趣,积极性高,效果非常好。

(张杏云,2006)

有一位高年级辅导员为了让队员懂得人与人之间需要良好的合作,并培养队员的竞争意识与合作意识,就设计了一个主题为"左右双手,左右人生"的活动。

 **经验分享**

"左右双手,左右人生"活动流程

第一环节:我的双手我做主。用自己的双手,用尺子、铅笔在纸上照样子画出一张表格,并计时。

第二环节:我左你右齐动手。用自己的左手和同桌的右手组成"一双手",一人拿笔,另一人拿尺,将表格复制在空白处,发令计时。

第三环节:协调一致左右手。组织讨论,比较两次活动,哪一双手更快,为什么?

第四环节:携手共绘友谊花。队员一起动手,以合作友谊为主题完成一幅作品。

通过活动,全体队员都明白了合作的重要性,也明白了应该这样来合作。

(赵春燕,2008)

针对队员学习、生活和思想实际而设计的队活动就不会无的放矢,有趣而生动的队活动就不会空洞说教、虚无缥缈，一定会收到良好的教育效果。

（七）质疑"全预设"——倡导"动态生成"

"预设"是新课程改革中经常出现的一个语词。预设的含义简而言之就是"预先设定"、"预先设计"。如活动计划、活动方案等都是预设的产物。少先队活动是一项复杂的活动，它需要辅导员指导队员做出周密的安排，制订出详尽的计划，做好充分的准备，这一切都是预设。

"生成"指事物的发生、形成。由于教育活动有诸多复杂的因素，因此活动过程的发展存在多种可能性。教育过程的推进，就是在多种可能性中做出选择，使新的状态不断产生，并影响下一步的发展。这便是"动态生成"。

少先队活动的"预设"和"生成"是相辅相成的，没有精心的"预设"，"生成"就成了"无源之水"；没有精彩纷呈的"生成"，再好的"预设"也少了生命的灵动和飞扬。

因此，"预设"是必须的，但要有弹性和留白；"生成"则更为重要，它是少先队活动的活力所在。

受传统思想的影响，很多辅导员在开展活动时，不由自主地有一种"先入为主"的居高临下的思想，总是一厢情愿地认为，辅导员的思想才是对的，队员的思维必须围绕辅导员的思维，于是，对活动做了"全预设"。如果按照这样的思路，那么，少先队活动岂不就是为了验证辅导员思维的正确性？而事实上，队员才是队活动的主人，只要给予他们机会，充分尊重队员，把队活动的主动权交给他们，俯下身子和他们交流，队员的潜力将会得到淋漓尽致的发挥，他们的聪明才智将会让人刮目相看，甚至可以超越辅导员，"青出于蓝而胜于蓝"。

要想使"预设"和"生成"相得益彰，辅导员就必须不断地深入活动，了解队员，并深入生活，利用一切可以利用的资源，实现"动态生成"。

 经验分享

"护蛙行动"系列活动的由来和活动过程

一天,学校组织全体队员去郊游。辅导员和几位队员发现了一个即将干涸的水塘里聚集着无数只小蝌蚪,在阳光的暴晒下,即将相继死去。于是,辅导员灵机一动,就和小干部一起共同策划,发起"营救小蝌蚪"救援行动。他们把小蝌蚪放养到适合其生长的水域里;把一部分小蝌蚪营救回来,放在学校的池塘里饲养,并观察小蝌蚪的生长情况,查阅资料,进行小课题研究活动。小蝌蚪长成青蛙后,队员们举行了"放归大自然"活动,把它们放生到学校附近的农田里,为农业服务。小干部们搜集整理了许多关于青蛙的知识,在广播里播放,复印了许多护蛙宣传单,在集市上向人们发放,进行宣传活动,呼吁更多的人都来保护小蝌蚪、保护小青蛙。还专门组织了"保护青蛙就是保护我们自己"的主题队会。

(李萍,2007)

科学而艺术地对待"预设"和"生成",让这对矛盾和谐共生,少先队活动就会成为辅导员和队员发挥潜力、表现个性、愉悦心灵、提升素养、充满诗意的心灵历程。"生成"之所以可贵,是因为它真实可靠,切不可为了追求形式上的完美而扼杀了队员带有瑕疵的"真实"。只有真实的"生成",才能对"预设"起到真正意义上的指导作用,才能引领我们的队员在"实践"中不断成长。

(八)质疑"表演式"——倡导"体验为重"

这里所质疑的"表演式"主要是指策划或举行活动就是"为了给别人看",并不是仅质疑文艺节目表演类活动。

有一位辅导员组织了一次"游子吟、慈母心"的中队活动。活动邀请了很多学校领导、辅导员和家长。活动中,队员们兴致勃勃地表演了相声、快板、齐唱、乐器演奏等文艺节目,可谓不亦乐乎。可活动后问起队

员孝敬父母应从哪些方面做起时，却很少有队员能答上来。

综观时下的一些少先队活动，举办活动的思路基本上是考虑"主题队会"，而主题队会又必然是"表演式主题队会"，最终，"表演式主题队会"成为了少先队活动的主要形式。为了搞好这场"表演"，辅导员身兼"策划"、"编剧"、"撰稿"、"导演"、"舞台监督"甚至"剧务"，孩子们成了"演员"。反复排练之后，登台演出。孩子们成了实现辅导员意图的道具，活动难以真实反映孩子们的童心世界。孩子们除了要说事先编好了的大话、套话之外，偶尔也发表一些不实之词，甚至是失去个人本色的背诵式的发言，有时连举手投足都是事先排练好的。长此以往，给少先队员带来了极大的负面影响。

这样的少先队活动仅为活动而活动，以至于掩盖了少先队活动的本质——一种组织教育活动。一旦陷入这一误区，少先队活动就失去了其教育意义，削弱了育人功能。从此意义上说，成功的少先队活动应该是形式与内容的完美统一，既注重形式美，更讲求实效美，即通过实践活动给予队员一定的道德体验，从而达到道德品质的提高。因此，少先队活动应该走出表演化或木偶化的围苑，倡导"体验教育"。体验教育是活的教育，只有体验，思维才能产生飞跃；只有体验，获得的思想情感和知识技能才能刻骨铭心；只有体验，才能加速少年儿童的社会化进程，使他们早日成为社会的有用人才；只有体验，教育目标才能化为少年儿童的基本素质。只有体验，才会让少先队活动富有教育意义，让孩子们的道德修养在活动中得到成长和提高。

少先队活动的策划对于辅导员来说至关重要。新鲜的创意赋予策划生命力，而创造性活动是策划中的亮点。敢于和善于创新，是辅导员进行策划最核心的要求。前瞻性的思考、对工作全局的把握、对教育对象和教育规律的认识、了解少年儿童的身心特点是做好策划的重要前提。要通过充分自主的活动方式把少先队员组织起来，让他们在实践中体验人生价值和社会进步。少先队活动策划要着眼于自身的工作机制，一切从实际出发，内容丰富多彩，措施切实可行，便于实施且留有余地。

二、少先队活动主题的生成技巧

在新课程改革的大背景下，少先队活动需要辅导员和队员共同合作开发实施，辅导员和队员既是少先队活动的开发者，又是少先队活动的实施者。然而，广大辅导员都觉得很难摸着少先队活动的门路。其实，对于一线的辅导员来说，并不是不会开展少先队活动，而是不知道怎么去寻找少先队活动的"主题"。如何开发、生成、确立活动主题，在少先队活动开展过程中是至关重要的，因为主题是少先队活动的灵魂，没有主题，活动就会失去方向，活动内容就会杂乱无章。

那么，少先队活动的主题从哪里来呢？我们完全可以从以下几个"点"上来寻找少先队活动的主题。

（一）关注热点和焦点

热点是大家普遍关注的问题。焦点是事物或道理引人注意的集中点。

2009年10月13日是中国少年先锋队建队60周年纪念日。胡锦涛总书记以贺信的形式亲切勉励全国少先队员时刻准备着为建设富强、民主、文明、和谐的社会主义现代化国家贡献智慧和力量；殷切希望全国少先队员牢记党和人民的重托，争当热爱祖国、理想远大的好少年，争当勤奋学习、追求上进的好少年，争当品德优良、团结友爱的好少年，争当体魄强健、活泼开朗的好少年。

胡锦涛总书记的贺信高瞻远瞩、饱含深情，充分体现了党中央对少先队员、少先队工作者和少先队组织的亲切关怀，是今后一段时期少先队工作的重要内容。作为辅导员就要把认真学习贯彻胡锦涛总书记的贺信作为当前的一项重要任务，积极组织队员们开展好争当"四好少年"的活动。通过队会、队前教育等方式，将胡锦涛总书记对少年儿童的殷切期望传达到队员之中；要以小队、中队为单位，积极探索各种丰富多彩、生动活泼、行之有效的活动，发挥队员的主动性、积极性和创造性，鼓励队员们在家庭、学校、社会和大自然的实践中，人人争当"四好少年"。

第五项修炼　活动，献给孩子们的精神大餐

争当"四好少年"活动方案

为了迅速在校园里开展胡锦涛总书记向少年儿童提出的争当"四好少年"活动，我校计划开展争当"四好少年"学习月活动。具体安排如下：

1. 第一周——加强宣传

活动一：利用校园广播、班级黑板报，首先让全体学生了解争当"四好少年"的内容是什么。

活动二：利用音乐课，全体学生学习张晓春老师编创的歌曲《争当四好少年》。

活动目标：通过灌输的方式，使学生对争当"四好少年"的内容能够耳熟能详，背诵起来朗朗上口。

2. 第二周——理解内涵

活动：各班利用主题班队会，充分地理解"四好少年"的内涵。

活动目标：使队员理解"四好少年"的含义。并使队员理解"四好少年"不同于以往的"三好学生"。

3. 第三周——搜集故事

活动：在队员理解"四好少年"的含义基础上，各中队组织队员搜集相关的故事，开展故事会活动。

活动目标：利用孩子们喜欢听故事、讲故事的特点，通过搜集故事、开展故事会加深对争当"四好少年"的理解。

4. 第四周——创编童谣

活动：在队员中广泛开展争当"四好少年"为主题的童谣创编活动。

活动目标：利用童谣易记、易背、易传播的特点，在队员中深入开展争当"四好少年"的活动。

(朱彩娟，2009)

2008年5月12日下午14时28分，四川省汶川县发生8.0级特大地震。汶川大地震,这场波及大半个中国,造成数万人遇难,影响数亿人的灾难,让整个中国为之伤恸,也成为世界关注的焦点。汶川大地震也包含着许多教育素材,值得我们挖掘。

 **经验分享**

抗震救灾中包含的七大少先队教育素材

爱党教育。地震发生后,中共中央总书记胡锦涛立即做出指示,要求尽快抢救伤员,确保灾区人民群众的生命安全。国务院总理温家宝第一时间赶赴地震灾区,现场指挥抗震救灾工作。全国的共产党员通过交"特殊党费"等方式,表达对灾区人民的牵挂之情。据此,我们可以组织队员开展"总理,您别哭"、"特殊党费的力量"等主题队会,教育队员要热爱党、听党的话、永远跟党走。

爱国教育。一个很大的困难,除以13亿,会变得微不足道;一颗很小的爱心,乘以13亿,会聚成爱的海洋。一方有难,八方支援。地震以后,13亿中国人民团结一心、众志成城。这就是中国社会主义优越性的真实体现。辅导员可以用这些事实进行爱国教育,培养队员对党和社会主义的朴素感情。

爱军教育。解放军官兵、武警消防战士、公安干警不怕疲劳,不怕牺牲,战斗在抗震救灾第一线。15名跳伞兵从高空冒死降落前,曾写下遗书,他们的勇敢和大无畏精神,让人心生崇敬。辅导员可以组织队员开展"抗震一线最可爱的人"、"子弟兵给我第二次生命"、"生还者的心声"等主题队会,对他们进行热爱解放军的教育。

爱母亲教育。地震中一位年轻母亲用自己的身体挡住危险,使得她3个月大的婴儿得以幸存。这位母亲在临死前给孩子留下了一条感人的短信:"亲爱的宝贝,如果你能活着,一定要记住我爱你。"是母亲,用坚强的身躯为孩子挡住了死神;是母亲,用温暖的怀抱为孩子赢得了生存的机会。我们可以用这样的素材,引导队员体会伟大的母爱,体谅和尊敬自己的母亲。

尊师教育。地震来临,四川省德阳市汉旺镇东汽中学教师谭千秋用自己的身躯撑住课桌,守护蜷缩在他身下的4名学生;龙居中心小学六(3)班中队教师向倩在几十秒内组织学生冲出险境,用21岁的生命换回了37条小生命……为了掩护、疏散学生,很多老师被吞噬在废墟下。我们可以通过开展"师爱重于泰山"、"老师给了我新生命"、"老师,您不要哭"等主题活动,对队员进行尊师教育。

学习小英雄教育。大地震中,涌现出了"阳光小孩"、"可乐男孩"、"芭蕾女孩"、"手电筒女孩"、"敬礼娃娃"等小英雄,他们是全国少年儿童学习的榜样。我们可以组织队员开展"敬礼娃娃你真棒"、"向抗震小英雄致敬"、"坚强少年"等主题教育活动,引导队员争做有道德的、勇敢的、乐观的人。

爱科学教育。一种高科技救生仪——"生命探测仪"在抗震救援过程中立了大功。它可以进入人力无法到达的区域,帮助搜救人员迅速、准确、安全地发现生命迹象。除了"生命探测仪",这次地震营救中采用的高科技还有很多,比如气象预报、余震预测等。可以组织队员开展"科技救援立大功"、"生命奇迹中的科学"、"抗震救灾的科幻妙想"等主题队会,让他们体会科学技术作为第一生产力发挥的巨大作用,鼓励队员们从小学科学、爱科学。

(李军玲,2008)

辅导员常常发愁如何捕捉活动的主题,拓展活动的思路,使活动既要体现求实创新的精神,又要符合与时俱进的要求。这两个活动案例告诉我们:大家关注的热点往往就是队活动的最好主题;焦点瞄准了,队活动的教育意义也就深了。

(二)攻克重点和难点

重点和难点往往是指问题不容易解决的地方。对辅导员来说,少年儿童在成长过程中表现出来的种种问题就是少先队活动的重点和难点。少年儿童接受不良信息的主要来源是社会,具体反映却在校园之中、家庭之中、伙伴之间。如:由于家庭经济差异导致部分少年儿童金钱至上、盲目攀比的现象;家庭溺爱导致少年儿童狭隘、任性、自私、嫉妒心理的现象;家长棍棒教育导致少年儿童心理畸形发展的现象;破碎家庭给单亲孩子成长带来严重影响的现象;学生怕开学、烦考试、盼放假的厌学现象;在校园里称兄道弟、搭帮结伙的现象;少年儿童性早熟早恋的现象;少年儿童在突发事件面前缺乏自我保护意识的现象等都是不容忽视、危害极大的重点和难点问题。这些问题要引起辅导员的高度重视。辅导员要善于通过组织队活动，及时制止、引导，及早教育，争取教育的主动权。

经验分享

怎样利用队活动引导队员学会理性消费

随着农村生活的不断富裕，农村少先队员的多种不良消费现象大量呈现，且愈演愈烈。作为一名一线的少先队辅导员，应更多地关注队员的这些不良消费现象，深入剖析原因，并扎实有效地开展少先队理性消费教育活动，引导队员从小学会理性消费。

曝光不良消费现象

让我们看看这些在农村队员中普遍存在的不良消费现象：

现象一：放学零食大抢购

每天放学后，不少队员会疯狂地挤到校园边上的小摊上，抢购各种零食。低年级队员为买零食向大人撒娇，高年级队员流行"请客"。令人担忧的是他们边走边吃，垃圾满路丢，一辆辆车子从他们身边飞驰而过，扬起的灰尘成了油炸食品的"味精"。

现象二：开学文具大比拼

每学期初，大部分队员会更换文具用品，像书包、文具盒等，而且是在逐步"进化"。他们所换下的七八成新的书包、文具盒等就早早"退休"了。各种文具演变成琳琅满目的"玩具"，致使队员上课时分心。

现象三：沉溺游戏大行动

虽然网吧、游戏机厅、台球室都禁止未成年人入内，但事实上，有不少老板还是唯利是图。农村队员中沉溺于上述游戏的，也为数不少，更有甚者会因此成绩一落千丈，产生偷窃、撒谎行为。

现象四：集卡摸奖大碰运

眼下不少儿童消费品的商家为了促销，搞起了积分有奖、集卡有奖的活动。有的队员为了集齐干脆面中的拼图，竟一次性买了好多袋，取出拼图后

随手扔掉了干脆面。此外还有人物卡，课余就在一起比谁的卡多、人物大，有的甚至把卡放在地上拍，赢了这卡就归谁。

现象五：高档消费大攀比

部分高年级队员唯"我"独尊，不切实际地消费，超越自己的家庭收入，高消费，乱花钱。队员对消费品盲目攀比，"你买mp3，我买mp4"，"你买李宁，我买耐克"的现象屡见不鲜。

剖析不良消费原因

是什么原因导致队员上述诸多不良的消费现象？笔者以为既有队员自身的心理原因，也有社会、家庭、学校等教育环境的原因。

自身原因主要是这个年龄段的孩子普遍存在模仿、从众、攀比、侥幸等心理。

社会方面的原因是商家唯利是图，成人攀比消费盛行。家庭方面的原因是家长一味满足孩子的物质需求，缺乏消费引导。学校方面的原因是受应试教育的影响，忽视消费教育，或力不从心，更多的老师把消费教育狭隘地理解成了节钱教育。

设计消费教育活动

笔者以为，开展队员理性消费已刻不容缓。但理性消费教育涉及诸多方面，利用少先队组织优势，开展理性消费活动是行之有效的途径。

一、调查分析，认识不良消费问题

我们可以开展"零钱收支情况小调查"活动。让队员自己去做个调查，调查自己的零用钱的收入和使用情况，可调查身边的好朋友，中队中的同学，学校里的小朋友，要求在记录的基础上能够做些分类整理。通过队员彼此之间的调查，让队员带着问题走进生活，走向社会，身临其境，去探索问题的奥秘，去探求问题的核心与主题，去亲身感受身边同龄人的消费生活现状。让队员对身边的不良消费现象有了非常具体感性的认识。

二、角色体验，激发理性消费兴趣

现在许多队员是身在福中不知福，根本体会不到父母长辈的艰辛。听大人讲那过去的事情，又显得那样的陌生。为此，只有让队员亲自去体验父母工作生活的甜、酸、苦、辣，才能使队员从内心深处碰撞出勤俭节约的火花，激发出勤俭节约的真实情感，才会更加珍惜父母每天给的零花钱。不妨让队员走进家庭，开展"小鬼当家"活动，走进田野、工厂，开展"当一回农民"、"当一回工人"活动，体验劳动的艰辛，从而激发理性消费的兴趣。

三、活动演练，锻炼理性消费能力

开展"红领巾跳蚤市场"活动，让队员将旧物或自己制作的工艺品等在校园中设摊相互买卖。在相互交换物品中，学会购物消费，同时既认识旧物品不是垃圾，又感受劳动的辛苦、钱的来之不易，从而懂得节约，学会理性消费。

再如开展"3·15"宣传活动。利用"3·15"这一特定的节日，通过校园宣传阵地，通过模拟法庭、知识竞赛、故事演讲、小品等形式多样地宣传学习消费知识，树立科学理性的消费态度和观念，让队员在快乐中树立起理性消费的意识，锻炼理性消费的能力。

四、自主实践，实现理性消费目标

我们可以在得到家长支持的前提下，结合生活中的实际消费情况有意识地组织队员参与，学习理性消费，不妨可以开展下列活动：

活动一：存小银行，我能省钱

首先，要让队员努力做到节约零钱，如教育队员在功能相当的情况下，尽量选择购买实用、包装简洁的物品，教育队员放学回家时口渴了坚持住，不买冰棒吃，回家喝水解渴等，让队员在消费中学会节约。其次，我们可以开设中队小银行，定期开展存取款活动。最后要延伸到让队员们学会将积蓄的钱用到有意义的地方，如引导队员将所存零钱用到订阅好书好报、购买体育学习用品、关爱他人等地方。

活动二：记消费账单，我能坚持

引导队员把自己每一次的零用钱收入来源及消费行为都记录下来，定期分析自己的消费是否合理，这样的活动能很好地培养队员消费的自我控制能力。为防止活动有始无终，我们可以让小队成员间互相提醒，对记账正确、完整，态度认真的队员进行表扬，对消费小结优秀的也进行表扬，并把优秀的消费小结推荐给其他的队员学习，以确保个人消费流水账的长效实施。

活动三：独立消费，我能成功

我们可以取得家长支持，有计划、有组织地引导队员参与消费活动，开展

"独立消费，我能成功"活动。让队员独立购买一些小额消费品，体验独立消费。从中学会货比三家，了解市场价格行情，察看货品正伪的做法：生产日期、批号、保质期等，学会花钱买物美价廉的商品，从而增强队员的生活能力。

活动四：X 元钱野餐，我们最棒

如我曾组织队员开展"40 元钱野餐，我们最棒"活动，以 10 人小队为单位，让队员设计一下用 40 元钱购菜、买米，做顿饭，看看谁能设计好、安排好，安排得合理。以此让队员彼此分享自己的消费组合，提高合作消费的能力。

（沈立江，2009）

（三）突出特色和亮点

特色，是事物所表现的独特的色彩、风格等。亮点，比喻有光彩而引人注目的人或事物。这里说的特色和亮点主要是指少先队活动要有自己独特的引人注目的色彩。好多辅导员经常受条件论的束缚，老是抱怨开展活动很困难，搞不出自己的特色。其实，只要我们因地制宜，从当地的实际出发，挖掘题材，就会设计出丰富多彩的富有特色的活动来。

经验分享

浙江省上虞市崧厦镇以产伞而闻名，是全国最大的伞件市场，被命名为"中国伞城"。伞是生活的必需品，更联系着千家万户，伞也就成了充满活力的教育资源。崧厦镇小的少先队员开展了"伞花朵朵遍崧镇"的主题系列活动。他们从"知伞花"中了解伞的历史，发现了伞的学问无穷，伞的品种多种多样，伞的零件形形色色，伞的加工细致复杂。于是喊响了"争做崧镇好伞花"的口号，播下了"振兴家乡伞业"的种子。进而，他们又推出了"学伞花"活动：学习伞的风格——顶风雨，遮烈日，撑起一片天地，默默无闻地为人民服务；学习伞工的精神——勤劳简朴、吃苦耐劳，走南闯北，为发展经济和人民生活而辛勤劳动。队员们还提出要冲破形形色色的保护伞，学雏鹰展翅高飞，翱翔蓝天。

（改编自：姜利凤，2005）

伞乡的队活动处处见伞花，活动内容从伞引入，奖章图案用伞花表示，技能训练学装伞……伞乡特色非常鲜明。

 经验分享

浙江省上虞市谢塘镇小是著名导演谢晋的母校。作为一代艺术大师，谢晋的艺术成就享誉中外，更重要的是谢导在从事长达50多年的电影事业中所表现出来的民族自豪感和强烈的爱国主义情感，对事业执著追求、一丝不苟的工作作风，是学校少先队教育活动中最生动、最形象、最典型的教材。2004年起，学校充分挖掘地方人文特色，秉承谢导"博爱博学"的教育思想，让"谢晋影视文化"融进了谢塘的土地、谢塘的教育，探索出了一条"谢晋影视文化"少先队特色之路。

学校教学楼走廊布置了"小荧屏大世界"、"小梨花大舞台"、"走近大师谢晋"等几个固定长廊，同时开辟了一条变换的影视长廊，定期展览学生的影视作文、绘画作品。教室是师生互动的重要场所。每学期初，学校每个中队都会围绕学校影视文化，精心设计、布置中队影视角。中队影视角内容、形式精彩纷呈，"动漫王国"、"我心中的明星"、"好节目大家看"等影视角独具特色，无不折射出校园浓郁的影视氛围。2008年5月，学校还建立了谢晋电影博览馆。

为了把世界上最好的影片献给孩子，学校通过多种途径，建设成立了"谢晋影视文化影片库"和影视网站，开通了校园点播系统，学生通过校园网就能浏览近500部中外著名影片。学校校园闭路电视网的建成，丰富了校园文化生活，每周一次的小梨花电视台，高质量地播出孩子们自编自演的节目。在每天中午，学校广播里播放的是世界名曲和儿童音乐；每周五中午安排欣赏中外经典影片，孩子们在轻松愉悦中接受美的熏陶、情的陶冶、心的滋润。

为了集中展示学生的阶段学习成果，学校采用了学生们喜闻乐见的"办节"形式，三月的动漫风筝节，六月的小梨花艺术节，七月的影视夏令营，十二月的影视文化节都让他们一展身手。每学期举办一届"校园影视文化节"，有"优秀动漫影片展播"、"影视海报设计比赛"、"影视歌曲演唱比赛"、"电影影评征文比赛"、"影视小报设计比赛"、"少儿DV创作大赛"、"影视片段表演欣赏"等。在浓浓的影视氛围中，学生们感受着快乐，体验着成功。特别是DV

创作大赛,各年级积极参与,自己动手策划、撰稿、摄制、配音,精心制作。最后经过学校小梨花电视台的播放,又组织全校同学投票评选,产生了最佳影片奖、最佳制作奖、最佳导演奖、最佳配音奖等6个奖项。影视文化节为孩子们搭建了锻炼自我、展示才华的舞台,影视文化节也培养了他们的合作精神,发展了他们的个性特长,提高了他们的综合素质,增强了他们的创新意识。

(改编自:罗叶文,2009)

两所学校少先队活动的经验告诉我们,任何一个地区都有自己的优势,任何一项活动都有自己的亮点。亮点找到了,就抓住了队活动地方化、民族化、个性化、特色化的突破口;亮点突出了,就有了少先队活动的创新、发展和教育效果。

(四)抓住结合点和共生点

所谓的结合点和共生点是指事物发展过程中能够彼此融合、交汇、影响、发展的交点。辅导员只要细心观察,善于思考,抓住学校整体工作和少先队活动的"共生点",抓住学科教学和少先队活动的"结合点",使其有机地融合、贯通,就能化学校工作为少先队活动,化学科教学为少先队活动,进而在活动中培养队员的全面素质,丰富队员的精神生活,促使队员个性的协调发展,促进队集体的发展与完善。

经验分享

2009年12月,学校大队部要求各中队开展"祖国发展我成长"主题活动,综合实践活动学科展示汇报活动也将在月底进行。我想,这不是一个整合的契机吗?于是,在中队活动的时候,我引导队员们从"服装、玩具、食品、交通工具、建筑、路桥"等方面比较祖国改革开放30年来的变化。队员们组成小队,各自选择一个方面,开始了收集、调查、采访工作。在汇报会上,有的小队带来了自己爸爸妈妈小时候的玩具和自己的玩具;有的找来了30年前的粮票;有的展示了过去矮小的房屋和如今高楼大厦的照片……看着这些实物与照片，队员们深切地感受到了改革开放给人民生活带来的巨大变化，了解了祖国社会主义现代化建设取得的辉煌成就，增强了民族自尊心、自信心和自豪感，他们还派出代表在学校综合实践展示汇报活动中进行了展示并获得了一等奖。

（改编自：袁胜，2009）

为了迎接省级语言文字规范化示范学校的验收，学校要求每个中队都要举行相应的活动，于是，一位辅导员就策划并开展了下面的活动。

经验分享

五年级"啄木鸟在行动"主题活动方案

一、活动目标

(1) 通过活动，让队员懂得正确书写的重要性。

(2) 培养队员主动探索、团结合作、勇于创新的精神。

(3) 在活动中培养队员的观察、表达、交际等基本能力，在不断的探索和处理信息中培养其创造性思维和想象能力，使队员在综合能力得到发展的同时，养成积累语言的好习惯。

二、活动准备

师生共同酝酿讨论，确立活动方案，制订切实可行的活动方案。

(1) 设计表格。

队员们，为使大家"五一"长假过得充实而有意义，请你走上街头，或仔细翻阅报刊书籍，或留心观察电视屏幕，回忆自己的学习生活，做一只书林中的"啄木鸟"，去发现"害虫"，消灭"害虫"，完成表格内容。

	街头	报纸	书籍	电视节目	学习中
发现的错字词					
调查后的感想					

(2) 遵循合理搭配的原则，自主结合，成立活动小队。

(3) 与家长联系，以取得他们的理解和支持。

三、活动过程

第一阶段：展开调查，寻找错别字

（1）利用"五一"假期，让队员自由组合，成立调查小队，每队一个小队长，带领队员分赴不同场地调查社会用字情况，找出不规范的用字。有的小队走向社会，在饭店、商店调查了解；有的小队收集一些反映错别字的故事；有的询问家长和亲朋好友；有的在电视节目中寻找错别字。

（2）组织队员记录相关的信息。

第二阶段：交流汇报寻找错别字的情况

（1）交流，返校后小队间交流调查的结果。

（2）汇报展示：①小队长负责，小队内充分交流欣赏；②小队间互相交流展示，评选出调查认真、反映用字正确的表格，在中队表扬和展示。

第三阶段：总结活动成效

（1）根据汇报展示情况，民主评选出"优秀活动小队"、"最佳啄木鸟"予以奖励。

（2）谈收获，写感受。

（3）辅导员小结：在调查、交流、汇报、展示的过程中，我们深深体会到语言文字是从生活中来的，应走进生活中，在生活中感知语言文字的魅力。同时发现，这次活动，不仅培养了同学们收集信息的能力，也使他们的视野开阔了，思维活跃了，识字的能力提高了，可谓一举多得。

（陈沈娟，2009）

每个学期，学校都会组织一些活动，如科技节、英语节、读书节、科普节、安全教育周、运动会等，这些传统的活动植根于我们的学校，我们可以从这些活动内容中挖掘，还可以从学校的重大事件中选取，引导队员拓展成能让人"心动"的少先队活动主题。

（五）以队员生活为视点

陶行知先生将"生活教育"定义为："给生活以教育，用生活来教育，为生活向前向上的需要而教育。"的确，教育是生活的需要，源于生活又以生活为归宿。从这个意义上说，少先队活动作为承载队员实践能力发展的活动性载体，原本就是一个被师生所共同拥有的生活世界，是生活的缩写，体现着生活的意义和生命的价值。我们可以以生活为视角，将少先队活动的主题贯穿于队员与自然、队员与社会生活、队员与自我关系等各个层面，使少先队活动的主题来源于队员的个体生活、自然生活和社会生活等各方面的生活领域，不仅用生活来教育，而且给生活以教育，进而为队员向前向上的生活需要而教育。

1. 亲近自然生活，生成多元的活动主题

大自然对于队员来说是再熟悉不过了。姹紫嫣红的花朵，潺潺流动的小溪，清脆悦耳的鸟鸣……当然也存在着空气的污染，水环境的恶化……在这个大课堂里，为队员的学习探究提供了大量的素材、广阔的空间。因此，在选择少先队活动主题的时候，可以引导队员从关注自然生活这方面着手，生成多元的活动主题。

我们引导队员去观察周围的自然环境，就会发现许许多多的问题：门前的小河怎么变黑了？蚕怎么会中毒？水葫芦怎么越来越多了？养猪大户把猪粪排泄到河道好不好？所有这些都可以作为少先队探究性活动的资源，于是"我是小小环保家"、"我为地球增绿色"、"我是地球小卫士"、"夸夸我们家乡美"这些主题活动便会应运而生。

再如，每当春暖花开的季节，队员们就开始盼望着亲近大自然，盼望着与春天"有个约会"。我们就可以生成"我和春天有个约会"这一活动主题。让队员们"到田野里寻找春天"、"在野外拥抱春天"、"唱春天的歌，吟春天的诗"、"在春天里，我们玩……"。充分尊重孩子们的主体地位和个性特征，根据个人的兴趣、爱好，从不同的视角、用不同的方法进行探索和活动。"在野外拥抱春天"还可以与"远足"活动相结合，从学校出发，来回步行，既是对队员身体素质的考验，也磨砺了意志，途中与大自然亲密接触，领略了大自然的风光。要解决吃饭问题，队员又必须经历采购、野外做菜煮饭的生存锻炼与劳动技能体验。

2. 立足校园生活，生成熟悉的活动主题

学校是人生道路上的一块必经之地，是队员生活的基本空间。立足校园生活生成的主题，队员熟悉，资源多，研究坡度小，可操作性强。

比如，游戏是队员校园生活中的一个热点。但我们发现队员在课余生活中的游戏项目非常单一，缺少创新与变化，有些还存在着不安全的隐患。如何让队员玩得开心、玩得安全，应当成为我们辅导员思考的问题。我们就可以以"传统游戏新主张"或"我的游戏我做主"为主题引领队员进行"儿童游戏的调查"、"儿童游戏的设计"、"儿童游戏展示"等探究与实践。因为"儿童游戏"这一主题是与队员的学习生活密切相关的，队员的参与热情一定会相当高，有的会对传统的游戏进行改进，有的会借鉴娱乐节目的形式，创编一些精彩的、体智结合的游戏方案："青蛙过河"、"时代列车"、"走进大森林"、"黑客入侵"……我们还可以进行"绳彩飞扬"游戏节、少先队健身游戏创新大赛、阳光历奇游戏大赛、校园吉尼斯等游戏主题活动。

又如，文具是队员校园生活中身边最熟悉的物品。但有些不合格的文具可能会对身体造成伤害，如果长期使用还很容易造成慢性中毒。辅导员这一信息，必然会引发队员研究文具的兴趣，这样"我与文具亲密接触"的主题活动便会应运而生。还可以以小队为单位开展诸如"文具的种类"、"新型文具"、"文具与健康"、"文具与玩具"等少先队小课题研究活动。

3. 关注社会生活，生成深层的活动主题

当今社会是一个信息时代，社会上的一些热点问题，也会成为队员关注的话题。很多有价值的研究主题往往蕴含在我们不经意的一些热点事件、偶发事件中。我们要善于从本地区或某一时间段的社会热点中挖掘主题，引导队员就社会发生的某一现象进行调查，弄清发生这种现象的原因及解决的方法。从而培养队员接触社会，感受生活，学会人与人之间的合作、交流，锻炼队员的社会实践能力。

比如，"神舟七号"的发射成功，成为很多队员谈论的话题。上虞市盖北镇小的辅导员就和队员一起确定了"学航天英雄，做科技少年"这一少先队活动主题。让队员收集与航天相关的书刊、图片、网页等信息资料，然后让队员按各自的兴趣分"航天员的太空生活"、"航天员与太空食品"、"未来的航天器"等小课题进行研究活动。最后,在中队活动中,各个小队进行了研究成果的展示,还把研究成果制作成了墙报,在学校的宣传窗中展出,让更多的队员来了解航天知识,增强爱国情感。

又如,从2006年春天以来在嘉兴地区流传着这样一个说法:姐姐送给弟弟一件红色的衣服就可以给弟弟消灾免祸,不会出车祸,可以保平安了。这个传言流传的时间比较长,流传的地区也比较广,成了社会上的一个热点,给队员们在认识上造成了困惑:不知是真是假,是对还是错。海宁市桃园小学的辅导员就引导队员开展了"红领巾与迷信的较量"这个主题活动,引导队员进行"关于社会上流行'送红衣服'现象的调查研究",还把研究结果以倡议书的形式发放给全体同学和家长,呼吁大家不要盲目迷信。

当然,我们还可以积极引导队员利用双休日开展各种形式的社会实践活动。如:"我是小记者"、"卖报"、"当一天小交警"、"当一日环卫工"、"到敬老院为老人送温暖"、"绿色环保小卫队"等。

我们要积极引导队员关注社会生活,从社会热点事件、偶发事件中选取有意义的主题,让队员走进社会大课堂,了解社会的现状,认识周围的生活环境,熟悉各种社会资源,让队员体会到参与社会服务的意义,锻炼自己勇于参与、大胆实践的品质。

4. 融入家庭生活,生成特色的活动主题

人们常说,家庭是人来到这个世界之后迈进的"第一所学校"。家庭生活是五彩缤纷的,饮食起居、休闲娱乐、消费与理财、家庭劳作、老人赡养等都是家庭生活的内容。以队员充满情感的家庭生活为着眼点,可以不断生成有特色的队活动主题。

比如,每个家庭每天都要消费,我们就可以引导队员生成与"消费"相关的活动主题。如:"小鬼当家"、"一月消费知多少"、"家庭消费类型研究"、"如何合理消费"、"家庭开支记录"等活动,体验如何当家理财及家务劳动的艰辛与乐趣。

我们还可以结合纪念改革开放30周年,引导队员开展"三代人的故事"主题活动。发动队员成立"食、衣、住、用、行"小队,和爷爷、爸爸辈比一比,从中感受改革开放的巨大变化。

5.认识个人生活,生成鲜活的活动主题

"要使青少年正确地认识世界,无论是在家庭、社会还是学校进行的教育,都应首先使他们认识自己。这会对一个人一生的社会行为产生影响。"

少先队活动就是要通过各种体验活动使队员逐渐认识自己,让自己成为一个学会认知、学会学习、学会生活、学会生存的人,让他们既能承受生活的压力和痛苦,也能创造生活的品位与乐趣。在奋发有为的人生旋律中把握生活的节奏与和谐,学会用健全的人格去应对复杂的社会生活,使自己的生活充满生机与活力。因此,引导队员从认识自我、完善自我的角度去挖掘主题,就是认识生活,学会生活,并为创造未来的可能生活奠定基础。

比如,上虞市盖北镇小针对许多队员不吃早饭,喜欢在校门前的小食品店里买零食这一现象,引导队员开展了"怎样吃早餐才健康"这一少先队主题活动,通过采访、问卷调查等活动形式,使队员懂得了养成吃早餐的必要性,调查组的同学向全校同学发出了倡议书,提出了建议。可以说,在活动中每个队员都有收获,这些收获对队员来说会长久地留存在他们的记忆之中。

再如"保护视力,从现在做起"这一活动主题,是由于队员在过完春节后,来到学校,突然发现教室里的好多同学都佩戴了眼镜,一些家长还特意来学校与辅导员沟通视力保护的问题,不少队员意识到视力状况不容乐观而引发的。

立足生活而高于生活,源于生活更创新生活,亲近生活然后指导生活。生活化的活动主题对队员来说是一种享受,它还少先队活动于真实,还少先队活动于愉悦,还少先队活动于发展。我们要善于引导队员从个体的自然生活、校园生活、社会生活、家庭生活、个人生活等生活领域入手,提炼出具有生命力的、鲜活的少先队活动主题。

三、少先队活动资源的开发策略

中国有一句俗话:"巧妇难为无米之炊"。指的是即使是聪明能干的妇女,没米也做不出饭来。比喻做事缺少必要条件,就很难做成。

在少先队活动的开展过程中,可以引申为两层意思:一是少先队活动的实施必须"建筑"在丰富的活动资源上,没有活动资源的支撑就难以取得好的教育效果;二是有了活动资源也不一定就能取得好的教育效果,因为它不仅取决于"物"的因素,还取决于"人"的因素——辅导员是不是"巧妇"。

综观当前少先队活动的实施现状,部分辅导员对开展少先队活动存在畏难情绪。除了许多众所周知的主客观因素外,没有开发出有效、合理的少先队活动资源也是其主要原因之一,而这恰恰也是少先队辅导员最为迫切需要的。学校的少先队辅导员都是一线的学科教师兼任的,而学科教师习惯于依据课本来组织教学。因此,对习惯于依纲据本的教师身份的辅导员来说,最大的困惑也正是"少先队活动没有教材、少先队活动资源的缺乏"。其实,我们不缺少先队活动资源,只是一线的辅导员不是很清楚如何对资源进行合理开发和有效利用。一个辅导员之巧,关键在于他不但会广开"材"路,而且会对现有资源进行"深加工",能看到"愚妇"所看不到的深层次内容,从而使活动资源发挥最大的效能。

以下四方面是少先队活动资源开发和利用较为有效的策略切口。

(一)灵活运用"教材"资源

少先队活动没有开发相配套的教材。但是,在现行国家课程设置的各门学科的某些教材内容非常适合于开展少先队活动;国家规定、地方管理、校本开发的各地地方课程和各个学校的校本课程更适合于开展少先队活动。国家课程、地方课程、校本课程的教学内容可以延伸、拓展到课外,作为少先队活动的重要资源。

1. 统整地方教材资源，建构主题活动体系

以浙江省上虞市谢塘镇中心小学为例，学校有浙江省级的教材《人·自然·社会》，绍兴地市级的教材《我是绍兴人》，上虞市级的教材《曹娥江畔》。学校自己也充分挖掘本地的影视教育特色资源，开发了《我爱影视》、《走近谢晋》——影视教育活动校本教材。细细研读五套教材，便能切身感悟教材开发专家、教师的独特智慧和别具匠心。这些教材注重"面向本土、来自本土、服务本土"，注重满足本地学生的发展需要，注重活动过程的实践与创造，具有鲜明的时代气息和独特的个性色彩。

正是这些教材，给了少先队活动一个广开"材"路的有效载体。我们可以结合学校实际，对这些教材的结构、内容、教学方式、评价等领域进行"再加工"、"再整合"，建构主题性大单元少先队活动体系，使原有的地方课程教材更具校本化、个性化，使之更符合或贴近学生、学校、乡土的特点和需要。

如下图所示：

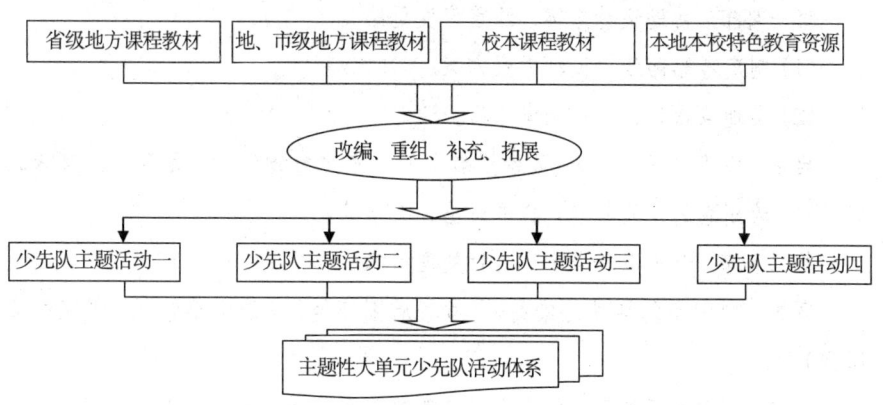

地方课程教材资源统整示意图

我们可在不改变地方课程总体框架的前提下，以省、市研发的地方课程为母本，结合学校的校本教材，统整"相似块"，建构少先队活动主题群，建立主题性大单元少先队活动体系。统整主要采用改编、重组、补充、拓展等方式，促进各种教材资源间实现富有个性的融合，优化组合成新的少先队活动资源。

2. 统整学科教材资源，拓展活动主题内容

在少先队活动主题设计时，辅导员可以综合、延伸学科教材内容，将少先队活动与某些学科教材内容结合起来进行，从而拓宽少先队活动的主题内容领域。实践证明，少先队活动可与某些学科教材内容结合起来进行。特别是新课程中的许多学科，很容易整合成为主题活动。

经验分享

语文三年级下册第二单元的"综合性学习"安排了这样的内容：你了解家乡的环境吗？比如，空气和水是不是受到了污染？花草树木是增多了还是减少了？人们为保护环境做了些什么？让我们开展一次调查周围环境的活动。先自由结合，组成小组，共同商定一个活动计划，想想展示的方式和内容，然后大家分头行动。有的同学可以去观察，有的可以去访问，有的可以查资料。针对这一教学内容，一位辅导员指导队员开展了"剡湖水域的污染和保护"为主题的少先队活动。并且设计了这样的活动环节：

第一环节：协助设计方案，注重启发思路

（1）制定考察路线，设计考察方案。

（2）实地取水样，观察剡湖水质。

启发：你发现了什么？（如水里有杂质，水里有黄沙，水是浑浊、有味的等）你认为剡湖的水质怎样？你能得出什么结论？

第二环节：开放多种渠道，自行处理信息

调查：剡湖是怎样被污染的？（考察周围环境；交流考察情况；研究污染原因）

研究：剡湖被污染了会给人们带来哪些不利的影响甚至危害？

第三环节：选择最佳办法，解决实际问题

解决问题：完成剡湖水域污染情况考察报告，提出保护剡湖的最佳方案。

（周霞，2005）

经验分享

一位辅导员结合一年级品德与生活课本中各个单元的内容，整合并开展

了"一单元两活动一奖章"的活动模式。如下表：

年级	类别	教学单元主题	队活动内容 一级目标	队活动主题 二级目标	雏鹰奖章
一年级	品德与生活	我上学了	队前教育	1. 加入苗苗儿童团 2. 我爱学校爱学习	苗苗章 好学章
		上学路上	安全教育	1. 戴好我的小黄帽 2. 放学回家排好队	安全章
		我的同学和老师	礼仪教育	1. 文明礼仪进校园 2. 见到老师问声好	好行为章
		家里的我	劳动实践	1. 自己的事自己做 2. 养成卫生好习惯	整洁章
		大自然真美	科普教育	1. 我认识的花草数目 2. 苗苗看秋天	观察章

（魏慈瑛，2004）

在少先队活动开展过程中，我们很容易忽视其他学科教材中所蕴涵的活动资源。其实，资源就在我们身边。辅导员应练就一双资源化的"慧眼"，从其他学科教材中选择丰富的内容作为活动素材。

（二）积极重用"人材"资源

所谓"人材"资源就是指人力资源。人力资源是少先队活动开展最根本的资源。与传统的学科课程迥然不同的少先队活动要得以顺利实施，需要教师、家长、社会各界人士等支持要素。特别是家长和社会各界人士对少先队活动的认同度和支持程度是决定少先队活动实施顺利与否的重要条件。

1. 让全校教师"卷入"活动

在活动资源的开发中，教师具有极大的智慧潜能，是一个亟待开发的巨大资源宝库。教师的知识、技能、经验与特长等都是少先队活动资源开发中的重要财富。作为一名少先队辅导员，也要善于组织和协调，把全校教师"卷入"到活动中来。如此，既发挥了集体的优势，又实现了少先队活动的大综合，增加了队员实践的机会，也避免了辅导员孤军作战，形成了强大的少先队工作的外在合力。

2. 善于向专业人员"借脑"

由于少先队活动涉及的内容领域广、活动范围大，有的活动主题涉及某一行业、某一专业，具有较强的专业性，辅导员无法满足少先队活动指导的需要。因此，少先队活动的实施需要大量的乐意为教育服务的各行各业的社会人士和专业人员加入校外志愿辅导员队伍。

 经验分享

某校少先队活动外聘指导教师一览表（部分）

活动主题	指导活动	指导教师	工作单位	工作类型
菊花王国	菊花的栽培与管理	×××	本校	花圃管理
	菊展的设计与布置	×××	园林管理局	室外展览设计
葡萄的栽培与管理	葡萄的栽培与日常管理	×××	××社区	葡萄种植大户
气象观察	研究各种基本气象设备的原理和使用方法	×××	气象局	信息采集员
一年四季新鲜蔬菜的调查	调查一年四季新鲜蔬菜的品种和价格	×××	××菜场	市场管理员
珍爱人民币	假币的识别	×××	中国银行	银行工作人员
	调查：人民币法规知多少	×××	××律师事务所	律师
我是小交警	练习交警技能	×××	××交警中队	民警
	我是交通指挥员			

（罗建山，2008）

学校在聘请校外辅导员时应遵循因"活动"制宜、就近邀请的原则，可以由学校领导或辅导员出面邀请社区人员、企事业人员、机关干部、有关专家和学者，也可以由队员出面邀请队员家长或亲戚，要特别重视发挥"五老"（老党员、老干部、老模范、老教师、老退伍复员军人）的作用。

3. 把全体家长"总动员"

少先队活动需要队员从学校走向社会、走向家庭，因此家长志愿者的补充和介入，不仅可以配合学校少先队一起开发校内外有价值的活动资源，设计、组织有价值的少先队活动，还可以担任雏鹰假日小队活动的辅

导员。这样就能够保证队员得到全面指导和个别指导，而且能够保证队员在校外的活动安全。

 经验分享

浙江省嘉兴市实验小学每年定期通过召开家长会、发放公开信等形式对全体家长做好对少先队活动的意义、价值的宣传工作以及对家长的动员，组织全体家长积极申报活动资源。然后，将家长申报的各类信息资源，以家长姓名、特长、联系方式、提供基地等信息分别输入电脑，建立起少先队活动家长资源库，以方便辅导员和队员在第一时间寻找到适合的家长支持。此举使这些家长成为少先队活动的指导者、被访问者、活动基地的提供者和相关信息的联络人，为学校少先队活动的有效开展和常态开展提供了有力的保障。

(改编自：陶轶敏，2006)

有了家长的支持与社会人士的关心，少先队活动天地更加开阔。没有校外人才资源的开发和利用，就不可能有真正和完整意义上的成功的少先队活动。

(三) 巧妙利用"境材"资源

所谓"境材"资源就是指环境资源。囿于学校谈教育，必然使教育脱离社会，反映在少先队教育上就是空洞说教。少先队活动本身的特点，也决定了队员的学习场所必须从课堂走向大自然、走向社区、走向社会。因此，辅导员要在充分发挥图书馆、实验室、专用教室及各类教学设施作用的基础上，巧妙利用国防教育、法制教育、科技教育、劳动教育等实践基地，图书馆、博物馆、社区活动中心、工厂、农村、科研院所、部队、历史遗迹、革命圣地、风景区等丰富的社会资源和自然资源。

经验分享

浙江省宁波市北仑区淮河小学与周边的芙蓉、牡丹和北极星村三个社区和有关单位联合创建了"立足社区、自主模拟、快乐实践"的"阳光城"少先

队活动模式。"阳光城"是根据队员喜欢模拟的天性,将学校和学校周边的社区设计成一个城市,队员是这个城市中的"市民",他们通过自主报名、层层竞选,推选自己的市长、副市长和行政机构等负责人。学校作为"阳光城"快乐大本营,组织开展块状的校园传统文化及特色活动。三个社区则根据不同特色开辟了活动场所,如芙蓉社区的"生态基地"提供的种植园供学生参观和种植,北极星社区的"绿色港湾"提供北仑港文化的展览馆,牡丹社区提供"综艺广场"中的艺术活动场所,学校和社区的基地都配备专门的活动场所和活动设备。各种少先队活动的制度、职责都挂上社区基地活动室的墙壁,为活动的规范开展提供保证。同时,北仑边防检查站、北仑港码头、吉利汽车公司等单位,也都成为了"阳光城"少先队活动的基地。学校在每个基地又设立不同的组织机构,如"市民"们还将三个社区所在区域的有关人员聘为"小市长顾问"、"市民辅导员"等"角色","市民"们经常在他们的培训、指导下,自主策划活动方案,模拟各种角色,参加各种丰富多彩的实践活动。这些基地不仅节假日都向学生开放,而且在平时放学后,队员也随时都能进行活动。

(改编自:郑巍巍,2008)

 **经验分享**

浙江省舟山市普陀区的沈家门第一小学的"红领巾一条街"少先队活动模式颇有特点。该校地处普陀区商业中心,又位于繁华的同济路街道上。同济路,全长约600米,沿街单位有300多家。从路的东端往西走,沿街两边分布有"新一百"超市、"肯德基"、"中国银行"、"家得利超市"、"建设银行"、"西大菜场"、"人民法院",再往西走,有"童装商店"、"陆军船队"、"省海研所"等。这条街上丰富的资源为学校在新课改理念下开展研究性学习、实践体验和社会服务等少先队活动创造了良好的条件;这条街也为队员们提供了一个准社会的情境,使他们能真正地融入社会去实践。于是从2001年10月开始,学校就开始了"红领巾一条街"少先队活动模式的探索。"红领巾一条街"少先队活动设立了以环保、治安、义演、募捐、志愿者等为主的公益性活动,以"一日营业员"、"一日推销员"、"一日小报童"、"一日管理员"等为主的体验性活动,还有关于"环保问题"、"文明意识"、"价格对比"为主的考察、研究、采

访等研究性学习活动。如："同济路上的卫生调查"、"同济路上的文明、消费、未来的设想"，"普陀一百公司与众信商场价格的对比调查"、"沈家门城区垃圾处理的调查"、"同济路居民老人与孩子关系的调查"等。

（改编自：刘红慈，2008）

"阳光城"和"红领巾一条街"少先队活动模式很好地解决了目前少先队活动环境资源开发所存在的无序性、短期性、缺乏整体性和利用的档次低、效率低、共享程度低的普遍问题，实现了校外活动资源与校内资源的完美整合与优化。

"教材"、"人材"、"境材"这些活动资源全方位地构建了丰富而又完整的少先队活动内容体系。要促成并保持少先队活动"材"源茂盛，取决于辅导员能够不失时机地有效开发、利用和盘活这些活动资源；取决于辅导员具有强烈的活动资源意识，拥有高超的教育智慧。只要我们善于灵活运用"教材"资源，积极重用"人材"资源，巧妙利用"境材"资源，"巧妇"再也不会无米下炊了。

活动是少先队的一种存在方式。少先队员在少先队里的生活是由一个个活动串连在一起的。队的活动就是队的生命。无数事实证明，快乐的队活动蓬勃开展起来了，队组织的魅力就出现了，孩子们就感到加入组织的幸运；引领少年儿童生动、活泼、主动地全面发展的组织功能也在其过程中得以开发与实现。

构建促进队员生命成长、智慧成长、人格成长的少先队活动体系，使少先队活动充满催生队员情感、智慧、人格成长的阳光雨露，是深化少先队活动改革的必然要求，也是我们每一位少先队辅导员的终极目标。

第六项修炼

营造生命成长的温馨空间

——辅导员如何指导少先队文化建设

文化是一种价值趋向、具体向心力,文化对人的影响是深刻且长远的。从这个意义上讲,少先队的一切建设都可以从文化建设的层次来认识。当独特的少先队文化以其丰富的内涵和灵动的表达方式,全方位、多层次地触及少年儿童的时候,少先队组织就会使少年儿童形成完善的心理结构、良好的道德品行和高尚的审美情趣。因此,少先队文化建设是培育少年儿童的有效载体,也是富有生命力的教育策略。加强少先队文化建设更是进一步加强少先队自身建设,使少先队组织更具吸引力、凝聚力和影响力,整体提升少先队工作的需要。

那么,什么是少先队文化?原团中央少年部高洪部长将它概括为:少先队文化是由少先队性质所决定,在少先队长期实践中形成,植根于少年儿童群体,面向未来,具有鲜明的政治性、教育性、导向性和实践性,并以一切可以利用的资源为载体的独特的文化。60多年来,少先队以其丰富的理论实践,形成了自己独特的教育优势和宝贵经验,形成了自己独具特色的少先队文化。

一、少先队文化的育人功能

少先队文化是旗帜鲜明的文化，有着自己的价值理念和各项主张，体现了少先队组织肯定什么、否定什么，提倡什么、反对什么；少先队文化是潜移默化的文化，它利用一切可以利用的条件和资源，营造少先队所特有的文化氛围，从而影响着少先队员和少先队工作者。少先队文化强烈的震撼力、凝聚力和感召力，铸就了让所有人刻骨铭心的少先队队魂。

（一）少先队文化的定向引导功能

少先队组织的性质及宗旨决定了少先队文化是具有明确的方向性的文化。广大少先队员在少先队文化的感召下，做到了人民的利益高于一切，做到了诚实、勇敢、活泼、团结，成为了一代代有用的人才。在不同的历史时期，少先队组织时时与党紧密联系，对少先队员进行着不同时期的思想启蒙和品德熏陶。

少先队文化的定向引导作用充分蕴藏在少先队的各种文化形态之中。少先队的有形文化、制度文化、行为文化和精神文化分别以不同的特征和优势引导着一代代少先队员全面成长。少先队组织特有的标志——星星火炬、队徽、队旗、队歌、队礼、呼号、礼仪、鼓号，强烈地叩击、熏陶着少先队员幼小纯洁的心灵，一次一次地加深着少先队员对组织政治性的认识和理解。当少年儿童的胸前戴上红领巾，成为少先队组织的一员时，少先队特有的文化氛围就开始引导他们，在这所学习中国特色社会主义和共产主义的快乐大学校里，听党的话，培养自己爱祖国、爱人民、爱劳动、爱科学、爱社会主义的优良道德品质。"诚实、勇敢、活泼、团结"的少先队作风，少先队的入队誓词，少先队队史挂图都是那样醒目地时刻引导着少先队员。可以说，这一切都是少先队文化留给每一个少先队员的珍贵的人生礼物，伴随着他们入队、入团、入党的人生历程。

（二）少先队文化的教育熏陶功能

少先队文化具有明显的教育熏陶功能，这是由少先队文化的本质特征——教育性决定的。少先队文化以自己的形态促进了教育的发展，加速了对人才的培养，满足了社会发展和个人成长的需求。

少先队组织是我国少年儿童最大的一个正式群体，它是一个有严密的组织结构、有共同的纪律和规范、有一致的组织目标的正式团体。育人是少先队的基本属性，也是少先队文化的特性。少先队的一切工作和活动，目的是促进少年儿童思想道德素质、科学文化素质和身体健康及心理素质的全面发展，成为社会发展所需求的人。从少先队活动的内容到方式方法以及组织过程都富有教育熏陶因素。

（三）少先队文化的凝聚激励功能

少先队组织用崇高的理想信念产生凝聚力。综观中国少年儿童运动史，细察少先队文化发展的每一个历史时期，少先队为共产主义事业而奋斗的崇高理想信念始终凝聚、吸引和激励着成千上万的儿童投身到革命斗争和社会主义现代化建设之中。少先队的标志、礼仪、寓意深刻的队旗、鲜艳的红领巾、庄严的宣誓、"人民的利益高于一切"的队礼、嘹亮的队歌、振奋人心的鼓号、催人奋进的呼号、活泼的组织、多彩的活动……都是少先队崇高理想信念的形象载体，广大少先队员视它们为生命。这种凝聚和激励是显性而又隐性的，使少先队教育既"润物细无声"又融入火热的激情之中，把少先队的全体成员凝聚成一股合力，使之同心同德，发挥巨大的整体优势，共筑少先队事业发展的大厦。

二、少先队文化的基本要素

（一）旗帜鲜明的少先队政治文化

少先队政治文化是少先队文化的灵魂。所谓政治文化，主要是指政治认识、政治情感、政治价值观和政治理想。

少先队文化的政治性是少先队的政治属性所决定的。少先队作为一个群众性的儿童组织，与一般意义上的儿童组织的根本区别，在于少先队具有较鲜明的政治属性。少先队组织的政治性充分突出地表现在少先队的组织形式中，无论是标志还是仪式，少先队的组织形式都是儿童化的，但同时也是政治化的。这种政治色彩很浓的形式，既鲜明地标志着少先队接受共产党领导，以共产主义为奋斗目标的组织性质，同时也是一种导向，引导少年儿童在组织中坚持革命方向，以政治性为主导全面发展。

在新世纪、新阶段，辅导员特别要注重党、团、队的组织意识衔接，非常重要的是培养少年儿童对党和社会主义祖国的朴素感情。在这个问题上不能动摇、不能含糊、不能放弃、不能遗忘，不能在五彩缤纷、丰富多彩的活动过程当中丢掉这一根本任务。

（二）独具特色的少先队组织文化

少先队组织文化是少先队文化的基础，是少先队吸引力、凝聚力、影响力的体现。少先队鲜明的组织目标、先进的组织理念、严密的组织结构、明确的组织作风、严明的组织纪律形成了少先队独特的组织文化。

少先队组织文化是在组织生存和发展中所形成的，为少先队组织所特有的，也是少先队员共同遵循的最高目标、价值标准、基本信念和行为规范的总和。它以文化的形式潜移默化地对少先队管理起作用，一经形成，将有利于提高少先队的凝聚力、自我调节能力和自我完善能力，从而充分发挥其导向作用、规范作用、凝聚作用、激励作用。所以，少先队的组织文化建设非常重要，而且需要常抓不懈。

（三）与时俱进的少先队教育文化

少先队组织引导少年儿童接触社会、接触人群、接触大自然、接触现代科学技术，展现自我，在实际生活中接受教育和锻炼，这是少先队文化的光荣传统。体验教育既解决了少先队教育的主体性问题，又与实践紧紧相连，因此具有少先队教育文化核心的地位。少先队的自我教育也是少先队教育文化中最具代表性的。自下而上的少先队自我教育与自上而下的学校教育结合，形成完整的真正的教育。在众多的少先队实践活动中都鲜明地体现出了教育文化的特征。少先队开展了十几年的"手拉手"活动，通过城市和农村的少年儿童手拉手，家境富裕的和家庭贫困的少年儿童手拉手，健康的和有残疾的少年儿童手拉手，各民族的少年儿童手拉手，通过交一个"手拉手好朋友"，写一封"手拉手交友信"，寄一本好的书刊或一样文具，为小伙伴做一件好事，有条件的看望一次小伙伴等"五个一"的具体活动，在少年儿童中广泛开展起来。一封封交友信打开了一扇扇心灵的窗户，少年儿童感受到了同伴之间互相关心、互相帮助的友情；一次次互相走访架起了一座座沟通的桥梁，少年儿童看到了陌生而又新奇的外部世界，看到了未来美好的希望，感受到了改变落后面貌的责任；一份份零花钱建起了一所所手拉手希望小学，圆了不少贫困小伙伴的梦。这种教育触动了少年儿童的心灵，给他们留下了终身难忘的记忆。

（四）精彩纷呈的少先队活动文化

少先队活动文化是少先队文化内涵的生动体现，是少先队文化内在的本质。"雏鹰争章"是少先队活动的标志性项目，形成了少先队活动独有的文化现象。它将素质教育的基本要求分解为一个个看得见、摸得着、适应不同年龄阶段儿童实际并富有挑战性的目标，即一枚枚奖章，引导队员在活动中学会学习、学会做人、学会服务、学会合作、学会创造。手拉手是少先队的又一个文化现象，通过"一本书寄友情"、"助我灾区伙伴重返校园"等活动，显现出了少先队你我是一家的群育文化。社团活动也是少先队活动文化的重要形式之一，它满足了队员的兴趣爱好，丰富了队员的课余生活。少先队的活动文化还体现在各具特色的夏(冬)令营活动、读书活动、科普活动、雏鹰假日小队活动、十分钟队会和欢乐健身等活动中。

丰富多彩的少先队活动是少先队文化的突出表现，少先队工作者可以从加强主题活动文化、节日活动文化、社团活动文化、中队活动文化几方面来开展少先队活动文化的建设，更好地为少年儿童的健康成长服务。

(五）形式多样的少先队阵地文化

少先队阵地文化是少先队文化的依托，是以显性的方式借助一定的形式、载体来彰显少先队文化建设的成果。少先队阵地是少先队员和少先队小干部得以经常活动和工作的固定场所。长期以来，各级少先队组织坚持不懈地抓好校内阵地的建设，如队室、队报、红领巾广播站、电视台、红领巾橱窗、中队角（图书角、生物角）等，队员置身其中，感受着其浓厚的文化氛围和独特的魅力，发现其隐藏的文化内涵和意义，进而加深了对少先队组织所追求的理想、目标、价值观和信仰的理解。目前，随着少先队社会化步伐的加快，少先队更应重视校外阵地的建设，为少年儿童在社区活动提供舞台。同时，适应时代发展需要，少先队还应加强网络建设，充分利用互联网这一现代信息技术的优势，开辟少先队教育的新空间。

（六）庄严神圣的少先队礼仪文化

少先队组织拥有特别的礼节和仪式。少先队的礼仪文化就是少先队理想和情感的体现。少先队员敬队礼，右手五指并拢，高举过头，表示人民的利益高于一切。鼓号队在少先队检阅或是举行大、中队集会时，是一支不可缺少的最能体现"队威"的队伍。少先队的礼仪式包含着生动、形象而丰富的教育内容，严肃的列队，逐级报告人数，能增强队员的组织观念。激昂雄壮、催人奋进的号声；节奏明快、鼓舞人心的队鼓声；少先队员举手敬礼，目送星星火炬徐徐行进……无不敲击着队员的心扉，升华着他们的情感，陶冶着他们的情操，表达着他们崇高的理想和决心。少先队仪式是队旗、队礼、队歌、红领巾、呼号、宣誓、鼓乐、队服、队标志等综合运用的少先队特有的礼仪。而大、中队队会仪式、新队员入队仪式、少先队检阅式……是少先队文化的特有仪式，营造了一种庄严而神圣的氛围。我们要严格按照少先队的礼仪规范操作，以发挥少先队礼仪文化的教育功能。

（七）共同遵守的少先队制度文化

队的章程，党团组织以及教育部门关于少先队工作的规定，少先队工作和少先队活动的相关制度等，用一种适合的文化氛围，把少先队所倡导的文化理念，有形的或无形的制度物化出来，这就是少先队的制度文化。少先队制度文化建设是少先队组织的重要保障。

少先队工作制度是全体队员共同遵守的准则和做好队工作的保证。常见的几种制度有：队干部选举制度；队干部轮换制度；队干部例会制度；队干部培训制度；队前教育制度；表扬奖励制度；活动制度；小队生活会制度；离队制度；阵地教育制度。除以上制度外，还有值日中队制度、队干部民主制度等。

（八）不断发展的少先队理论文化

少先队理论文化渗透和折射着少先队组织独特的文化理念，指导并推动着少先队整个文化体系的不断完善和发展。

开展少先队理论研究，要坚持从实践中来，到实践中去的研究原则。研究者应主动适应少年儿童发展的实际需要，研究少年儿童的思想特点和规律，用先进的理论指导少先队活动，服务少年儿童的健康成长；主动适应素质教育发展的需要，研究少先队参与素质教育的有效途径，使少先队在素质教育中发挥积极作用，成为素质教育中的一支重要力量；主动适应新时期少先队发展的要求，研究少先队工作面临的新形势、新任务，不断探索少先队发展的新思路，变革少先队工作方式、方法，不断推动少先队工作迈上新台阶。

加强少先队理论研究要建立健全理论研究机构，完善各项奖励考评机制；加强理论研究和宣传队伍建设，为少先队理论的发展提供人力资源保障；要加强理论研究阵地建设，通过创办队刊、开设网上理论研究阵地等，为辅导员提供理论研究的平台。

（九）别具一格的少先队地源文化

市场经济的发展和流动人口的极大增加，使学校生源产生了多元化，来自不同地域的学生给本地少先队带来了不同的地源文化。同时，每个地方、每个学校都有其自身的地方特色和个体特色，少先队地源文化建设在于对本地教育文化资源的挖掘，发挥本地教育基地的作用，整合来自外地的队员所带来的文化资源，形成独特的乡土特色文化，这些将大大地丰富少先队文化的内涵。

（十）民主科学的少先队辅导文化

长期的辅导实践，形成了以"奉献、民主、科学、创造"为核心的少先队辅导文化。少先队辅导员是少先队工作的组织者和实施者，是少先队工作的基本力量，是少年儿童的亲密朋友和指导者。辅导员的角色应该定位为：少年儿童人生追求的引领者；少年儿童实践体验的组织者；少年儿童健康成长的服务者；少年儿童合法权益的维护者；少年儿童良好成长氛围的营造者。启发诱导法、宣传鼓动法、目标追求法、肯定赞美法、设计指导法、榜样带路法、雪球滚动法、传递转化法、实践体验法、评比竞赛法、带谜探索法等辅导方法是少先队辅导文化的基本体现。

三、打造少先队文化的五大策略

团中央、全国少工委曾提出：要以先进的文化陶冶少年儿童，就要努力构建少先队文化，以此进一步加强少先队自身建设，从文化建设的高度，整体提升少先队工作。少先队文化建设是时代的命题，是当前和今后开展少先队工作必须重视并落实的问题。

长期以来，由于各级少先队组织高度重视少先队文化建设，教育和感染了一代又一代少年儿童，促进了他们的健康成长。但是，综观现阶段少先队文化建设现状，虽然在物质层面上有了较大改观，但是就精神本质而言，存在着一定的偏差和问题，主要表现为：①追求形式，缺乏内涵，少先队宣传阵地布置得花花绿绿，但实际教育内容浅薄；大、中小队活动接连不断，但留给队员深刻印象的不多。②传承不够，创新乏力，不重视对少先队员进行队史、英雄模范、组织纪律教育，即使开展一些少先队传统活动，也是穿新鞋走老路，没有新意。③强求统一，扼杀个性，表现在基层文化建设上就是由辅导员说了算，不考虑年级差异、班级特色建设的实际需要，板报园地纯粹疲于应付检查。④贪多求样，好高骛远，一些学校不具备现代教育技术装备条件，也搞红领巾网站；学生还不具备使用电脑的技能，却要队上网参与讨论，把大多数队员拒之于活动之外。凡此种种，严重影响了少先队文化建设的质量与生命，必须引起少先队工作者的重视。

少先队文化不同于社区文化，也有别于校园文化。随着社会的不断开放，少先队文化也受到前所未有的冲击，东西方文化的碰撞，传统文化与现代文化的交杂，少年儿童的文化心理出现了多元交汇，引起了文化感知的多元化，导致价值取向的复杂性。因而，少先队文化建设必须正视社会现实和儿童身心特点，走具有时代特色的少先队文化建设之路。它应该继承传统，弘扬先进，面向全体，与时俱进。

（一）确立主题精神，体现文化育人的感染性

主题精神是少先队文化的核心。它既是深层的少先队群体意识，又是少年儿童形成向心力和凝聚力的关键，表现为师生共同的价值认同、价值取向、行为方式。崇高的主题精神一旦形成，就会时时刻刻感染着队员，催人向上，激人奋进。

传统的少先队文化建设往往表现为文化主题的包罗万象，人云亦云，这样便产生了少先队文化的泛化和粗浅，难以形成具有自身个性特征的、富有深远影响的文化场，导致社会非主导文化侵蚀儿童。事实上，少先队文化应是以学校文化为主体，全体师生员工共同创建的、充满时代气息和校园特点的人文氛围，就像"清华精神"——"民主的气氛、科学的传统"，以其鲜明的文化主题充溢着校园一样。因此，要打造少先队文化，首先就要确立主题精神，体现文化育人的感染性。

经验分享

江苏省江阴市实验小学以"立教育之美，塑人格之美"为少先队文化的主题精神，突出学校少先队文化的内核。依据情感理论、生活教育理论和美育理论整体构建了"少先队以美育德"课题，以艺术美、自然美、社会美为基本内容，通过具有感知性、实践性、体验性和审美性的美育元素、美育活动，对少

年儿童产生潜移默化的影响，让儿童走向美的生活，感受美的生活，创造美的生活，使少年儿童形成审美心理结构，从而积淀成少先队审美文化，以审美文化促进儿童道德认识、道德情感、道德行为、道德评价的深刻变化。

（改编自：朱君梅，2008）

（二）丰富实践活动，体现文化育人的渗透性

文化的形成是一个漫长的过程，不是用文章写出来的，也不是由口号喊出来的，文化是在双向的沟通，人与人的交往过程中逐渐形成的。沟通、交往产生一种需要，需要产生实践，不断的实践才能形成文化。"清华精神"、"北大精神"就是在几代师生的共同参与中凝炼生成的。少先队教育"在实践中体验，在体验中成长"的思想，对少先队文化形成具有现实的指导意义。这一思想既体现了少年儿童的身心特点，也凸现了少先队工作的本质特征，同时还揭示了"实践——体验——内化——生成"这一少先队文化生成的内在机制。

1. 推陈出新，加强主题活动文化的建设

我们可以校园为少先队活动的主阵地，通过开展各种主题文化活动，引导少年儿童树立远大理想，养成高尚的道德情操和良好的行为规范，丰富少先队活动文化的内涵。

我们可以结合传统教育，开展主题活动。少先队从诞生之日起，党就赋予它光荣而伟大的使命：培养全面发展的合格人才。其中首要的就是对少先队员进行思想的启蒙和品德的熏陶，这也是少先队传统教育的核心内容。少先队组织必须重点抓好以爱国主义、集体主义、社会主义为核心的"五爱"教育活动；少年儿童的理想、信念教育活动；"诚实、勇敢、活泼、团结"的作风教育活动；队的标志（队名、队旗、红领巾）、礼仪（队礼、呼号、宣誓）教育；体验教育活动等。

我们也可以围绕学校德育中心，开展主题活动。少先队工作是学校德育工作的一个重要组成部分，因此少先队应服从于学校德育中心的工作，围绕学校德育中心开展主题活动。

我们还可以根据队员思想实际，开展主题活动。少先队员由于家庭、社会等不同环境的影响，反映出来的行为也大不相同，对一些不良的行为习惯我们少先队辅导员要善于发现，及时教育。

2. 紧扣脉搏，加强节假日活动文化的建设

孩子们什么时候最快乐？过节最快乐。认识、分析、挖掘、利用"节日文化"中蕴藏着的取之不尽的教育资源，以极具亲和力和吸引力的节日活动，激发学生的兴趣，增长学生的见识，丰富学生的精神世界，指导他们的休闲生活，营造出一种积极、健康、有益的文化氛围，是少先队组织大力倡导并推荐"节日"活动的意义所在。

我们可以结合重大节日和纪念日，开展"缤纷节日"活动，营造独特的节日文化。现在每个月都有许多的节日、纪念日，有些是国际性的，有些是我国的传统佳节、重大事件纪念日。对于这些许多队员们知之甚少，有些甚至从未涉及过，而这些节日、纪念日中所蕴藏的丰富的教育资源是开展少先队活动的极好内容。如，香港回归纪念日、抗战胜利纪念日、国际和平日、世界环境日、世界人口日、建党日、建军节、中秋节、重阳节、母亲节、劳动节等。让队员们通过自己的探究了解相关的节日知识或纪念日的由来，从形式多样的实践活动中感受节日文化所体现出来的教育魅力与吸引力，潜移默化中受到来自各方面的感动、熏陶与教育，感受人文，丰富知识，促进身心的健康成长。

新昌县青年路小学小爱迪生科学院科普日分层主题活动表

年段	科普日	活动名称	活动目的	活动内容和形式	成果
低段	植树节 （3月12日）	人人种上一片绿	唤起队员们爱护花草树木和爱绿护绿的意识	1. 举办主题辩论会"绿化和环境" 2. 开展绿化美化校园活动	1. 能全面客观评价"植树种花和生态环境的作用" 2. 学校以中队为单位建立小花坛

(续表)

年段	科普日	活动名称	活动目的	活动内容和形式	成果
低段	全国爱牙日（9月20日）	爱牙健齿强身	培养学生的爱牙意识；使其掌握正确的刷牙方法	1. 调查学生龋齿的发病率 2. 听讲座《龋齿的发生与预防》 3. 问卷调查《牙齿保健》	1. 掌握正确的刷牙方法 2. 龋齿发病率下降
中段	爱鸟周	我和小鸟共欢乐	了解鸟类对生态环境的作用	1. 进行鸟知识比赛 2. 进行保护鸟类小报宣传 3. 开展放飞活动	1. 用小报形式对社会做宣传 2. 部分队员参加放飞活动 3. 全体队员参加鸟知识比赛
中段	世界无烟日（5月31日）	我喜欢不吸烟的你	了解吸烟对健康的危害，规劝亲人改掉吸烟习惯	1. 听校医讲座《吸烟与健康》 2. 设计一个证实烟雾有毒的实验 3. 问卷调查学生周围吸烟的人数、健康状况等	队员们自觉规劝吸烟的亲人戒烟
中段	世界水日（3月22日）	节约用水从我做起	了解水资源的缺乏，让学生养成珍惜水、节约水的良好习惯	1. 查资料：全球水资源状况 2. 开展水行动：收集水知识，开展水调查 3. 参观自来水公司生产自来水的流程 4. 制作水的公益广告，利用双休日宣传 5. 写小文章《珍惜生命之水》	1. 能形成节约水的好习惯 2. 评比征文
高段	世界环境日（6月5日）	向污染源出示红牌	培养学生的环保意识；从自身做起减少白色、河水、居室、校园等污染	1. 组织队员查阅《新昌环境质量年鉴》等资料 2. 组织队员调研新昌江污染的状况、危害及防治方法 3. 开展"家庭环境卫生我能行"活动	1. 上街宣传保护新昌江的意义 2. 减少一次性用具 3. 参加"家庭环境卫生我能行"活动

(续表)

年段	科普日	活动名称	活动目的	活动内容和形式	成果
高段	地球日（4月22日）	关爱我们的地球	了解温室效应的危害	1. 开展温室效应形成及危害的调查 2. 开展酸雨危害的模拟实验 3. 测试新昌雨水的PH值	1. 开展酸雨信息发布会 2. 用小报形式对社会宣传
	世界动物日（10月4日）	爱护我们共同的朋友	培养学生爱护野生动物的意识	1. 观看录像《动物世界》 2. 查阅资料：已灭绝的动物，濒临灭绝的动物，奇特的动物，家乡的珍稀动物分布 3. 开展保护家乡动物宣传活动 4. 每组饲养一只小动物，写好观察日记	1. 家乡珍稀动物分布展 2. 将查阅的资料汇编成册 3. 评比最佳观察日记

(舒义萍，2009)

我们还可以根据队员的兴趣爱好，创建校园节日文化。比如以深受学生喜爱的"赏春节"、"读书节"、"服务节"、"艺术节"、"科技节"、"英语节"、"体育节"、"游戏节"、"迎冬节"等为核心，开展多姿多彩的学生活动。如，"艺术节"中可以开展艺术知识竞猜活动、现场书法比赛、大地画比赛、英文歌曲人人唱活动、队员艺术作品展示等活动；"体育节"中可以组织校园吉尼斯体育挑战赛、趣味游戏活动、亲子运动会、健身舞比赛、棋类比赛、球类比赛等活动；"赏春节"中可以组织春游踏青活动、"寻找春天的脚步"摄影比赛、植树活动、"我用小手画春天"绘画比赛等活动；"英语节"可以组织英语短剧表演、英语手抄报展示、英语书法作品评比、英语角活动、英语小舞台等活动……

 经验分享

一场与"奥斯卡"相约的影视盛宴

"她是三(1)班的折翼天使,她有一双纤细的小手,却写出了一手豪迈的钢笔字。她总是在夕阳的余晖下落寞地站在窗前,那个影子好长好长……这位天使就是三(1)班的顾婷婷同学,让我们给她戴上最佳女主角的光荣桂冠吧!掌声想起来!"怎么样?颇有奥斯卡颁奖的味道吧!别怀疑,你现在就是在奥斯卡颁奖典礼的现场,只不过是上虞市谢塘镇小举行的首届校园DV奥斯卡颁奖典礼的现场。

12月31日上午,谢塘镇小第五届校园影视文化节闭幕式暨首届校园DV奥斯卡颁奖典礼隆重举行。市委宣传部、市教体局、市少工委、谢塘镇政府有关领导出席了本次颁奖活动,并为获得最佳导演奖、最佳创意奖、最佳编剧奖、最佳摄影奖、最佳男女主角奖和最佳影片奖的班级与个人颁奖。

此次以"童年 阳光 成长"为主题的谢塘镇小第五届校园影视文化节为期一个月。影视文化节期间,学校组织开展了"影视涂鸦"书画赛、校园十佳影视小歌手大赛、十佳金章小星星候选人个人风采秀、"动画城里的故事"影视作文大赛、"校园DV奥斯卡班级DV作品展播"等活动。

最精彩的是"校园DV奥斯卡"活动。全校各班级积极参与,同学们在班主任老师的指导下自己动手策划、撰稿、摄制、配音,精心制作,拍摄出了一部部精彩的DV作品。四(2)班的《小皇帝变身记》以独特的视角诠释了一位时时需要奶奶专职伺候他日常生活的"小皇帝"蜕变为一个勤奋好学、积极上进的好少年的精彩过程。三(1)班的《守护天使》以独具的匠心演绎了三(1)班的折翼天使——顾婷婷同学在同学们的守护下,燃起了飞翔的希望,一次次展翅高飞的感人故事。一(1)班的《我长大了》以纪实的手法展示了一年级小朋友一个学期来的小小成长史,这中间充满了成长过程中的烦恼和快乐。五(2)班的《纸团风波》富有创意地通过小小的纸团折射出孩子们的集体荣誉感,平凡的纸团演绎了不平凡的情节。六(1)班的《玩转布艺》将同学们制作布艺娃娃的精彩活动做了一个全景式的扫描,同学们在活动中神采飞扬、个

性张扬……

　　优秀的作品在学校小梨花电视台展播了，全校师生积极投票评选，产生了首批最佳影片奖、最佳创意奖等7个奖项。在活动中，同学们尝到了做导演和演员的乐趣，也感受到了拍摄制作的艰辛，既开阔了眼界，增长了知识，也提高了能力，培养了素质。首届"校园DV奥斯卡"颁奖典礼更是给全校师生带来了一场影视的盛宴。在浓浓的影视氛围中，让孩子们感受快乐，体验成功，让影视文化滋养儿童的心灵。

（罗叶文，2010）

　　我们也可以引导队员自行组建小队，丰富队员的假日文化。实行双休日后，少先队员在校的学习时间大约为190天左右，而在家的时间高达170天左右。因此，如何指导他们过好双休日生活，发展双休日活动文化是辅导员们值得研究的。"雏鹰假日小队"是少先队向社区延伸的生力军。"雏鹰假日小队"有着丰富的教育优势，辅导员要充分挖掘，合理利用。由于"雏鹰假日小队"利用双休日、节假日，根据自己的兴趣、爱好自己搞活动，所以活动内容也随之丰富起来。"假日小队"可以自由组合，自取队名，自订公约，自选队长，自找基地等。人人都有表现自己的舞台、锻炼的机会，都能获得成功的体验。"雏鹰假日小队"可以到家庭、社区、社会上去寻找各种服务岗位，开拓了服务项目，让队员们从小窗口看到大世界，在活动中逐渐形成良好的意志品质、思想道德以及科学的世界观和人生观。因此我们要加强"假日小队"的文化建设，广泛建立小队之家，让队员们从空间有限的校园中走出来，走进广阔的大自然和社会，参加社会实践，学习各种知识技能，让队员们在社会实践中学会生活，学会做事，学会做人，把自己的行动与社会联系起来，使队员的身体素质、心理素质、文化素质真正得到提高。

　　"节假日文化"将以其丰富的内涵将道德、情感、各类知识渗透于节日和假日活动的各个方面，沁入学生的心灵之中，展示它的无穷魅力。

3. 因校制宜，加强社团活动文化的建设

　　红领巾社团是由少先队员参加，由少先队员自己组织、管理并定期开

展活动的少先队群众组织。它的成员爱好一致,趣味相投;它的名称融入了集体智慧;它主张自主管理,自我策划;它突破中小队的限制,鼓励成员张扬个性,广交朋友;它倡导团队合作意识和创新精神。要加强社团活动文化的建设就要做到"十个有":有一个快乐的亮点项目;有一批有专长的校内外指导者;有一群有特长、爱好的少先队员;有一种积极向上的精神;有一句响亮的团训;有一段生动有趣的成长故事;有一首易学、易唱、易传的团歌;有一个相对固定的实践基地;有一本特色鲜明的活动教材;有一定的社会知名度和队员的满意度。

"小不点"练就"大能人"

自2003年成立以来,浙江省杭州市古荡一小的"小不点"越剧社团从最初的兴趣小组,发展为"小不点"越剧社团,再到包括"越剧看吧"、"越剧练功房"、"越剧长廊"、"越剧服饰库"在内的"小不点"越剧博物馆,一步一个新台阶,一年一个新景象,活动越来越丰富,影响越来越深远。

其基本经验:

(1)有社团,才出精神。"小不点"越剧社团有固定的社团生活,有特定的活动内容,有和谐的成员关系,倡导团队精神,培育阳光心态。

(2)有苦练,才出成绩。队员们在社团里知戏、看戏、排戏、演戏、乐戏、拍戏。

(3)有阵地,才有积累。社团有主体——"看吧"、动体——"练吧"、廊体——"廊吧"、藏体——"库吧"。

(4)有名师,才出高徒。小不点"越剧社团的优势之一就是有名师指点,有名段辅导。

(5)有特色,才有魅力。社团活动和维鹰争章相结合,该社团没立了"说一说"——"越剧基础知识章"、"唱一唱"——"越剧流派唱腔章"、"讲一讲"——"越剧剧目讲解章"、"做一做"——"越剧服饰展示章"、"编一编"——"唱念做打自编章"(获得这六枚基础章的队员可换取一枚"越剧能人章")。

(6)有生命,才有希望。"小不点"越剧社团的演出,得到了家长们的认可和鼓励,受到戏迷们的喜爱和支持,更得到了越剧前辈的赞许和鼓励。

越剧虽是一种表演形式,但它承载的是一种文化;红领巾小社团虽是一种活动形式,但它传播的是少先队先进的文化理念。

"红领巾小社团"是集兴趣和教育活动于一体,培养队员实践能力、创新意识的一种小型的长期的集体组织,在少先队工作的改革中可以大有作为。

4. 立足基层,加强中、小队活动文化的建设

中队是少先队建设的基层单位,中队活动文化建设是少先队活动文化建设的基础。构建独特的中队活动文化,为争创队员喜爱的中队品牌活动打基础,促进队员的健康成长和中队的最优化发展是学校少先队工作的重要内容。

小队是少先队的最基层组织,是少先队的组织细胞。小队活跃,少先队中队才会活跃,少先队才会有旺盛的生命力。小队和小队活动很符合队员的心理发展的特点和水平,最能体现队员自主性的地方是小队,小队是队员们快乐的小天地、自由的小王国。小队活动具有小型、经常、多样、灵活、自主的特点。小队应该自主、自动地开展活动。

经验分享

浙江省嘉善县洪溪小学的"快乐哆来咪中队"以音乐为中队创建的特色,开展了丰富多彩的中队活动。如课间音乐快餐活动开展以后,95%以上的队员有了一种乐器,45%以上的队员都会吹简单的歌曲,20%的队员能较好地吹几首歌曲,现在队员们积极性很高,队员之间互帮互学,一到下课,教室里都是各种乐器的声音。此外,队员们还在辅导员的指导下开展中队队歌编写活动、中队标志设计活动、中队月刊出刊活动。队歌《我是快乐的音乐小精灵》、以古琴为基本造型的中队标志、运用电脑技术设计的中队月刊《音乐大世界》都凝聚了队员们的心血,深受队员们的欢迎。此外,中队还自行创建了快乐哆来咪中队网页,开展了"中外音乐家的生平故事"中队报告会、音乐知识大擂台等活动,

并在全校召开了中队文化建设成果汇报主题中队会,展示中队文化建设的成果。

"科技DIY中队"下设金点子俱乐部、小工程俱乐部、环保科技俱乐部、生物科技俱乐部、小博士俱乐部。通过写观察报告和小论文、采集制作动植物标本、征集环保宣传语、参观区环保监测站、建立中队空气监测站、成立环保监督小队等各种活动形式,增强队员们的环保意识,了解更多的环保知识,培养队员的主人翁精神与探究、实践、创新的能力。

(徐英,2006)

经验分享

营造有活力的中队特色文化

★ 一个根据自己的中队特色而确定的个性队名:比如,有用老师的名字命名的"爱平中队"、"婷婷中队";有弘扬奥运精神的"福娃中队"、"强者大本营中队";有用队员喜欢的动画人物命名的"小鲤鱼中队"、"阿凡提中队";还有隐含中队精神的"丑小鸭中队"、"启航中队"等。

★ 一句响亮的中队口号:中队口号朗朗上口,体现着中队队员的精神,无论是放学队中,还是其他集体活动中,响亮的中队口号已经成为一种时尚的学校少先队特色。

★ 一个激励每个队员的队训:每个中队都有体现自己中队精神的队训,队训就悬挂在教室的后墙上,时刻激励着每个队员。

★ 一片彰显个性、创新、自主的评价园地:比如"爱平中队",他们中队文化当中的"爱的标志"、"爱的承诺"、"爱心豆豆"等活动园地用浓浓的爱感染着每个队员。"星期五的约会"、"和孩子们共进午餐"、"进步了,我去家访"、"我的心就是你的家"、"每个座位都是最佳座位",这些发生在爱平班的故事,都让队员从关怀、体谅、信任和鼓励中学习感谢和欣赏,爱己爱人。他们的主题活动"阳光伙伴爱心行动"吸引了众多媒体的关注。爱平班成功举办的"手拉手共享阳光"主题队会,他们阳光伙伴行动中的鲜活的事例,深深感动了在场的每一个人。

★ 一个队员喜欢的具有中队特色的中队阵地:"淘娃中队"有着很多的首创,他们首创了第一个班级网络博客"淘娃闯天下",出版了自己的第一本班级小说《淘姐姐和她的淘娃娃们》,建立了第一个"淘娃"传媒工作室,已经拍摄完成了自己的第一部纪录片《淘娃 SHOPPING》,现在已经进入了后期制作阶段。他们中队的特色主题活动是"人生设计在童年"。

(杨颖,2008)

加强少先队文化建设,必须高度重视和进一步挖掘少先队特有的文化内涵,运用喜闻乐见、适应时代潮流的方式对少先队员的教育起引导作用。通过少先队教育文化的构建进一步挖掘教育内容,更新教育形式,拓展教育渠道,改进教育手段,优化教育过程,实现少先队教育活动规范化、传统教育现代化、实验教育社会化、体验教育生活化、特色教育校本化。

(三)规范物质载体,体现文化育人的情境性

古人云:"橘生淮南则为橘,生于淮北则为枳。"环境对人的影响虽不像植物那么直接,但那种无形的陶冶作用,是每一位辅导员都能感受得到的。少先队文化所营造的育人氛围无时无刻不在发挥着作用。

现在有种普遍状况是,广大少年儿童对少先队组织的概念很淡薄。在应试教育仍然存在的今天,单一的知识学习使得队意识逐渐退去快要成为一种趋势。在这样的情况下,怎样培养少年儿童的队组织意识呢?怎样增强少年儿童对少先队组织的归属感呢?文化感染是一种很好的方式。但文化感染首先需要有一定的实实在在的物质载体来体现少先队文化。"文化的魅力往往体现在好的表达方式上。"为什么几千年来端午节能够流传至今,颇有影响?很大程度上因为吃粽子、插艾草、划龙舟已成为端午节这个文化节日的重要载体,人们很容易记住,也很容易表达。因此,我们要不断规范物质载体,体现少先队文化育人的情境性。我们要积极建设美好的校园环境,努力营造少先队文化的磁场——校园;积极构筑各种有特

色、有重点、有意思、有影响的宣传教育阵地，充分利用这些文化阵地有意识地宣扬少先队的理念和主张，扩大少先队文化磁场的影响力，让队员们在丰富多彩的"文字、图片形象"和悦耳动人的"声音形象"等富有教育内容的感召下，在潜移默化中接受正面教育。

（四）增强角色意识，体现文化育人的全员性

良好少先队文化的建设，不仅仅是管理者的职责，少先队组织的每一位成员都应该是少先队文化建设的主体，各自扮演着不同的角色，承担着相应的任务。只有少先队组织的成员共同参与，协调一致，崇高的少先队主题精神才能得以生成，也才具有顽强的生命力。

校长和辅导员是少先队文化建设的关键人物。但我们不能忘记，广大少年儿童既是教育的对象，又是创造和培育少先队文化的主力军。绝不能将队员仅仅置于少先队文化作用的客体地位，而应及时挖掘和发现少年儿童群体中符合少先队文化精神的积极因素，敏锐地关注少年儿童群体中的消极因素。我们还应努力以队员为中介，建立起少先队、学校、家庭、社会四位一体的育人网络，扩大少先队文化的影响力，进一步丰富少先队文化的内涵，使少先队文化、校园文化、家庭文化、社会文化在交互作用、共同发展中，得以协调、同步、互补，形成同向合力，从而为培育良好的少先队文化提供更广阔的社会文化背景，这是少先队文化建设的根本出发点和归宿。

（五）完善常规管理，体现文化育人的渐进性

少先队制度文化是少先队文化的生命力所在。建立协调一致、相互制约、有机发展的少先队制度文化，是一项复杂的系统工程，必须辅之以严格的常规管理措施。通过它们，我们可以把少先队的理念和主张更加清晰地传达给少先队员，使他们更容易接受这些理念和主张。可以说，科学完整的少先队制度也是少先队文化的一种重要表达方式，是形成独特少先队文化的基础。

第一，建设管理常规。要把少先队组织肯定什么、否定什么，提倡

什么、反对什么，以规章的形式固定下来，并纳入学校德育规划，将其作为少先队群体成员的行为准则。

第二，开展常规教育。即把管理常规这种外部的约束力量转化为被少先队成员所认可、所接受的内在要求，成为驱动辅导员和少先队员共同自觉遵守的行为标准。

第三，进行常规示范。对执行常规好的辅导员和少先队员进行表彰和奖励，对表现不好的给予批评和处罚。

第四，组织常规训练。要把管理常规内化为人们的自觉行动，需要反复实践和严格训练。

第五，进行常规检查。通过检查、反馈，督促辅导员和少先队员持之以恒地认真执行管理常规，以形成习惯，内化为自觉行动。

文化的力量深深熔铸在民族的生命力、创造力和凝聚力中，文化对人的影响是深刻的，是长远的。少先队组织要把党的要求、时代的需要通过少年儿童日常生活中的文化载体和文化氛围，传递给少年儿童，使少年儿童在浓郁的少先队文化氛围中受到潜移默化的感染和教育，让少先队组织的教育引导作用通过少先队文化这个"影响场"所营造的独特氛围，在少年儿童的成长过程中，施加深刻影响，留下深刻痕迹。

第七项修炼

魅力少先队是这样形成的

——辅导员如何指导创建少先队工作品牌

品牌是经过长期艰苦努力和科学探索而锻炼成的一种品质,它是物质的,又是精神的。有人说,地球上 2/3 是海洋,而剩下的 1/3 已被可口可乐覆盖着。可口可乐所谓百年不变的神秘配方,从营养学上讲已经落后了五十多年,然而品牌市值数百亿美元的可口可乐公司 CEO 却总是骄傲地说:"即使可口可乐失去一切,只要我们保有这个品牌,便会重新拥有一切。"这就是品牌的价值与效应,这就是拥有品牌的自信与从容!

少先队组织需不需要打造品牌?答案自然也是肯定的。企业通过创建品牌,在市场竞争中获得生存、发展的空间;少先队组织要提高自身的地位,扩大社会影响力,实现可持续发展战略,也需要用心打造足以让队员与少先队工作者引以为傲的品牌,实行品牌战略。

一、少先队品牌规划的四个结合

任何品牌的产生都不是偶然的,总是要经过从模糊到清晰,从低级到高级,从具体到抽象再到具体的认识过程和实践过程。我们应该把少先队特有的活动规律与品牌形成规律结合起来,准确定位,制订出切实可行、长期稳定的活动规划，保证品牌创建活动的顺利进行。少先队品牌规划要注意做到四个结合。

（一）校情与社情结合

"找准位置，鲜明个性，彰显特色"是一所普通学校成长为一流名校的三部曲，少先队品牌建设也一样。少先队品牌规划很重要的一点就是要"找准位置"。这个"位置"怎么来找准？首先就是要做到校情与社情结合。

校情、社情处处蕴藏着发展生机。在制定品牌理念和发展目标时，一定要考虑学校自身及周边的各种特有的情况和特点，而后根据扬长避短的原则，最大限度地利用和发挥资源优势，规避风险和不利因素。一个成功的品牌也就意味着良好的品牌关系，少先队工作的社会参与度越高，辅导员和队员的参与率越高，少先队工作就越好。因此，少先队特色的建设、精品的打造，需要社会各界以及全体辅导员和少先队员的支持，这就要求少先队品牌的规划要充分考虑学校以及周边的社会资源情况。

（二）近期与长远结合

既要有近期目标，又要有长远打算。要根据目前少先队工作的实际与少年儿童、社会、学校、家长的需求，通盘考虑，整体规划。可以由小到大制订出学月、学期、学年目标，三年工作目标，五年工作目标，环环相扣，形成目标发展链，既解决宏观层面上的问题，又解决具体微观层面上的问题，既有长远目标，又有阶段性要求，确保规划能顺利实现。

（三）常规和特色结合

少先队品牌创建要正确处理局部和整体的关系、常规和特色的关系。少先队特色发展或品牌创建是不能或无法用一个品牌来概括少先队全部工作的。要把常规教育与特色教育紧密结合起来，用常规保基础，用特色创品牌。既要做到"一枝独秀"，也要尽可能"广施雨露"，然后要锲而不舍地向"满园春色"努力。

（四）继承与创新结合

一个成熟的少先队品牌不可能是无源之水、无本之木，必须是有"根"的。这个"根"便是这个地区或学校的历史文化资源。每一个地区、每一所学校都有其特定的历史文化气质，即使是一所地处农村的小学，哪怕从校名上也能寻找到特定的文化意蕴。只有实现了少先队品牌与地区或学校历史文化资源的对接，才能为少先队品牌建设找到成长的沃土。同时，只有坚持继承与创新相结合，事物的发展才能具有动力。做好少先队品牌规划既要发挥少先队的光荣传统，充分吸收前人的理论和实践成果，也要敢于超越前人，突破常规，大胆创新。如果没有创新，少先队工作将失去与时俱进的生机和活力。

二、少先队品牌塑造的基本策略

基于品牌创建的长期性和完美性特点，少先队品牌的建设是一个长期而复杂的过程，也是一个动态发展的过程。少先队品牌的塑造可以综合运用以下九个基本策略。

（一）科研引领策略

打造少先队品牌是一个创新过程，对少先队品牌建设的许多问题，可以通过科研来解决。而且，就是在长期坚持科研的过程中，少先队品牌才会逐渐清晰起来，牢固地树立起来。许多学校在品牌打造、策划时都非常注重运用该策略，一直实施科研引领策略，积极发挥教育科研的先导性作用。

经验分享

浙江省上虞市盖北镇中心小学在打造少先队农业科技教育品牌时，就采用了科研先导策略。该校通过中国少先队工作学会"九五"重点课题"在科技劳动实践活动中培养队员的创新意识"和中国少先队工作学会"十五"重点课题"少先队实用农业科技实践活动'百自'机制的研究"以及中国少先队工作学会"十一五"重点课题"少先队农业科技教育与综合实践活动课程相整合的实践与研究"等三项全国性重点课题的连续、深入、持久的研究，使少先队农业科技教育的品牌建设工作扎实而有效。通过课题研究，学校确立了少先队农科技实践活动的基本内容、基本途径、基本方法；建立了一大批农业科技劳动实践基地；建立了红领巾农科院；还总结出了一整套少先队实用农业科技活动从组织、计划、管理、劳动实践、小科研、收获到成果处理等全过程的多个方面的"自主"制度；开发了农业科技综合实践活动的校本课程。学校也先后被命名为中国少先队工作学会科研实践基地、中国少年儿童信息研究基地、浙江省农业科技教育特色学校、浙江省十佳少年科学院、绍兴市十佳红领巾特色社团。

（谢金土，2008）

在少先队品牌创建中，要通过科研引领，把少先队工作的先进理念渗透到品牌活动的具体实施过程中；要通过科研引领，提高全体少先队工作者对创建品牌的认同感，牢固树立品牌意识。

（二）特色构建策略

特色是少先队品牌的亮点。"学校有特色，教师有专长，学生有特长"已成为中小学追求的理想的办学境界。特色对一所学校的影响力是不可低估的，对少先队工作来说也一样。因此，各级少先队组织必须在充分分析实际的基础上，以创新和光大的意识，找出自身的个性和优势，以此形成独特的亮点。要有创造性的思维，无中生有，有中出新，新中求变，熠熠生辉。当然，也要有所依托，不能不求实际、无端臆造。

经验分享

当你踏入浙江省杭州市萧山区南阳镇这块沃土，年产近亿把伞的南阳人就会自豪地对你说："凡是有中国人的地方，就有南阳伞。"优质绚丽的伞已成为南阳镇的支柱产业，也成了南阳镇小学少先队的重要活动资源。学校积极开展"伞花,我向你致敬"、"学习伞花好品质"、"伞花在行动"、"我是文明小伞花"、"伞乡夏令营"等活动,组织了以"人人都来认识伞——勤巧手儿学制伞——拓展渠道考察伞——大张旗鼓宣传伞"为主线的"伞乡孩子爱伞乡"系列主题活动。学校还专门开辟了"红领巾伞花博物馆"、"伞史研究室"、"伞文欣赏区"、"伞花长廊"、"伞花设计制作室"。

南阳镇小学少先队广泛地开展"伞文化"实践体验活动,创造了少先队活动的"伞文化"品牌。

(洪水鉴,2009)

学校少先队品牌的创建,必须立足地域特色,从某种意义上讲,少先队品牌是对已有地域文化资源的挖掘和传承。只有这样的少先队品牌才能让人觉得不空泛。

(三)文化提升策略

每个成功的品牌背后都蕴藏着深厚的文化内涵,如:"澳柯玛"公司的"没有最好,只有更好",体现了他们追求完美、永无止境的企业文化;"麦当劳"快餐以它独具特色的外形、食品口味和环保行为等,处处宣传着自己的饮食文化。少先队活动作为培育少年儿童健康的道德品质的载体,其鲜明活泼的主题、丰富生动的内容、多样灵活的形式,处处彰显着少先队"与时俱进、以人为本"的文化特征。

品牌是"产品"和"文化"的统一体,两者互相依存,"产品"是载体,"文化"是灵魂。少先队活动是少先队工作者和少年儿童共同创造的"特殊产品",因此应充分发挥少先队组织得天独厚的教育优势和用之不竭的文化资源,提炼、展示自己具有独特文化风格的活动来创造品牌。如少先队品牌——"中国少年雏鹰行动",其主题就是借用雏鹰之喻意,寓"雏鹰"之蓄势待发,"雏鹰"之机敏勇敢;而与之相配的"雏鹰争章"过程中的"设章、争章、考章、颁章"等环节,更是显示出少先队活动的文化特色,装扮出一个五彩缤纷的少先队文化长廊。

但是,反观现在很多学校开展的少先队活动,难于在学校、地区形成响亮的"品牌",究其原因,往往是少先队工作者没有将学校独特的少先队文化和少先队活动有机统一,甚至可以说是没有和谐处理好学校文化、少先队文化和少先队活动的关系,少先队活动轰轰烈烈,但一点不见学校文化、少先队文化的踪影。

少先队品牌也可以说是少先队文化的集中、浓缩的体现,进行少先队品牌塑造策划时应非常注重少先队文化的提升。

(四)硬件拉动策略

学校设施与设备本身就是学校发展的必要手段和保证。高水平的硬件支撑也能够为少先队品牌塑造提供高起点,能够在一定程度上保证少先队品牌塑造措施的有效落实。就像前面提到的浙江省上虞市盖北镇中心小学,该校的少先队农业科技教育品牌就是建立在校内有近四亩的农业科技劳动实践基地(基地内有"百花园"、"百菜园"、"百果园"、"百草园"、"水生植物区"、"小动物养殖区"、"玻璃暖房")和校外有高科技农业示范园区的硬件基础上的。

(五)借船出海策略

在市场经济社会的大背景下,辅导员也要善于整合教育资源,特别要善于"借",要研究借什么(借政策、借脑、借人、借资金、借品牌等)、向谁借、如何借、何时借、何地借等问题,借得得当,可以推动少先队品牌发展。牛顿曾经说过,他之所以成功,不过是站在巨人肩膀上的缘故。

"乡贤教育"是浙江省上虞市的少先队工作品牌,该品牌的树立就是运用了借船出海的策略。

经验分享

2003年初,全国少工委提出在少先队员中开展"弘扬和培育民族精神"教育活动。在考虑如何落实、开展时,我受市实验小学的一个全国获奖活动《让乡贤响起来》的启发,想到了本世纪初上虞市成立的"上虞乡贤研究会",他们在研究的"乡贤精神"不正是孩子们看得见、摸得着的"民族精神"吗?于是,我立即与会长陈秋强先生进行了沟通，两人一拍即合，他也在为如何发挥研究成果的教育作用进而影响青少年一代而发愁呢！我们认为少先队员开展学乡贤活动，重点并不在"研究"两字上，而是在"学习"上，因此计划成立一个"少儿学院"，而不叫"少年乡贤研究会"之类的名称。此举得到了市委宣传部、团教部门和市乡贤研究会的支持。在实验小学举行的预备会议上，当场就有四十几个学校的少先队组织报名建立"上虞乡贤研究会少儿学院分院"，自此，具有地方特色的"乡贤教育"活动在上虞大地上拉开了序幕。各少儿分院都结合本地实际，挑选一名乡贤的名字作为分院名，如"曹娥分院"、"王充分院"、"何振梁分院"、"金近分院"等。学乡贤活动也全方位地开展了。少先队员们去了解乡贤少儿时代的事迹，编成故事宣讲；创作诗歌颂扬乡贤精神；用课本剧形式表演学乡贤活动；创建诸如"乡贤走廊"、"乡贤大厅"、"乡贤亭"等阵地，营造良好的"学乡贤"氛围；设计制作"乡贤名片"、"乡贤书签"；开展有关的小课题研究……

（转载自：星星火炬工作室博客，张杏云，2008）

我们在塑造少先队品牌的时候，也可以站在别人的肩膀上，借一些外部的教育资源来树立自己的品牌。"乡贤教育"的少先队品牌就是借了"民族精神代代传"和"上虞乡贤研究会"的资源。借一些成熟的知名的少先队品牌，结合自己学校和地区的实际，提炼出属于自己的品牌，这不失为一种便捷的高招。我们也可以请"外脑"（专家、同仁）传经送宝、现场指导，迅速提升少先队品牌的知名度和美誉度。

（六）攻心为上策略

我们在消费品牌服装、汽车、日用品等时都会明显感受到营销员对这个品牌的忠诚度。因此，要不断提醒少先队辅导员，将少先队的"工作目标"与教育的"终极价值"相统一，并形成共识，再去积极地影响家长和周围的人，扩展和强化少先队品牌忠诚关系。

一个少先队品牌的存在与否不是自己说了算的，而是存在于社会群众、家长和少年儿童心目中的。因此，少先队品牌的打造，需要通过打动公众的心，赢得公众的赞许。

（七）借局布势策略

"借局布势，力小势大"，借其他局面布成对自己有利的阵势，虽然兵力小，却给人造成阵容强大的感觉。"借局布势"是商家常用的策略，在塑造少先队品牌的过程中，也可以借局布势，为少先队发展谋求良好的氛围。

 **经验分享**

2004年11月，开展了一年多的学乡贤活动已取得阶段性成果，恰逢团中央《辅导员》杂志社举办的"全国少先队德育研讨班"在浙江省杭州市举行。这对推动"乡贤教育"品牌是一个多好的机会啊！于是，我连忙与《辅导员》杂志社联系，请与会者抽一天时间来上虞观摩、指导我们的"学乡贤"活动。后来，团中央少年部部长高洪，全国少工委副主任赵武军，团省委书记鲁俊，《辅导员》杂志社总编柯英，上虞市领导温暖、陈泉标等与来自全国各地的辅导员、少儿工作者云集实验小学，我们以"走近乡贤博览会"的形式向大家进行了汇报。市委副书记温暖致欢迎词，团中央少年部部长高洪接收了小记者的采访，并为活动题词留念，全国少工委副主任赵武军作了热情洋溢的讲话，后来还为我们的学乡贤活动赋诗一首："爱国大主题，乡贤在上虞。家乡名人多，后代受教益。少年永发展，见贤而思齐。实践有真知，坚定更不移。欣逢新世纪，务实再努力。乡贤研究会，育人留青史。"为了褒奖我市少先队的学乡贤活动，2005年初，共青团浙江省委把"共青团工作创新奖"授给了上虞团市委。

（转载自：星星火炬工作室博客，张杏云，2008）

一次"全国少先队德育研讨班"上的精彩亮相，对上虞市"乡贤教育"少先队品牌建设的助推作用是无法估量的。作为辅导员，就应该具备这样敏锐的眼光和"借局布势"的强烈意识。

（八）人才制胜策略

再好的品牌策划方案也要人去落实、去贯彻，具体实施者的素质直接影响着品牌塑造的效果。在实施人才制胜策略时要注意：其一，选拔人才；其二，使用人才，用人所长，用人在精；其三，培训人才。少先队品牌创建要与辅导员培训紧密结合。少先队品牌创建没有辅导员参与就没有灵魂，没有辅导员的身体力行就是无本之木。品牌目标确立后，辅导员做什么、如何做，若没有相关的培训、指导势必如盲人骑瞎马，劳而难有功。我们要形成一支为少先队品牌建设殚精竭虑、志趣相投、实干创新的辅导员队伍。

（九）整合传播策略

"整合传播"这个概念来自于美国的营销界。所谓"整合传播"就是利用所有必要的、可以到达消费者与相关社会公众的传播媒体及工具来传播同样一个主题和声音。其实，就是我们常说的"酒香还得猛吆喝"。任何一种品牌在成长的过程中都需要媒体的力量，走上街头放眼四望，品牌比比皆是。实施少先队品牌战略离不开良好的媒体合作。少先队组织要充分调动、利用社会上的各种媒体资源，为少先队活动的开展提供多层次、深入的宣传服务，扩大社会知名度和影响力。少先队品牌的传播手段还包括公益活动、教育科研与学术会议、少先队精品活动展示、队员才艺表演、少先队与各界的联谊会、建立少先队品牌网站等。

经验分享

走进江苏省南通市石港小学，你会闻到"童谣汉堡"的阵阵醇香。学校大力加强未成年人思想道德建设，在全省首创"新童谣德育"品牌。该品牌引起了区委领导的关注，通州区委在学校举行了"未成年人思想道德建设"现场会推广经验。江苏人民广播电台、南通电视台全面推介了学校"吟诵新童谣"的少先队活动。《通州教育》、《江苏教育》"独家报道"栏目，用6个版面以《踏歌行知》为题，报道石港小学吟唱"新童谣"实施生活德育的成果。新华社内参在2615期上介绍了这一品牌成果，时任江苏省委书记李源潮同志还专门批示，要求推广学校的品牌经验。随后,《光明日报》、《中国教育报》、《中国青年报》、中央人民广播电台等16家中央和省级新闻媒体聚焦石港小学,各大媒体对"新童谣德育"品牌给予了充分的肯定。学校还把媒体的宣传报道作为辅导员的学习素材,增强了全体辅导员的认同感和幸福感。同时,通过展板、广播、校报向孩子们介绍媒体报道的情况,孩子们备感欢欣鼓舞,家长也深受感染。

少先队品牌创建是一项系统工程,巧在创新,妙在结合,难在坚持,贵在扎实。我们要充分认识到品牌建设的长期性、复杂性,要有"板凳一坐十年冷"的气度。只要坚持不懈,积极推进,把创建工作做细、做实、做精,就一定能成功!

三、少先队品牌的精彩展示

从倡议"我们爱科学",到发起"创造杯"竞赛;从"手拉手"互助活动,到"跨世纪中国少年雏鹰行动";从"新世纪我能行"体验教育活动,到"中国少年儿童平安行动";从"民族精神代代传",到"祖国发展我成长";从"红领巾心向党",到新中国60华诞前夕的"寻访新变化"、"畅想新生活"、"铭记好传统"、"争当好少年"等系列活动……60多年来,一个个主题鲜明、生动活泼的少先队品牌活动有如大海中涌动的朵朵浪花,成为几代人心中美好的记忆,也成为每个人爱党爱国、奋发图强、建功立业的启蒙一课。

(一)体验教育

体验教育是共青团和少先队组织在总结50多年来少先队的优良传统和基本经验的基础上提出来的,是少先队适应新形势进一步加强少年儿童思想道德教育的有效途径。

体验教育的内涵,是组织和引导少年儿童在亲身实践中,把做人做事的基本道理内化为健康的心理品格,转化为良好的行为习惯的过程。这是一个道德认知的过程、道德情感升华的过程、道德实践的过程和人的社会化过程。在实践中的体验,以不同层次的内涵伴随在少年儿童道德认知的不同阶段和全过程,伴随在少年儿童道德内化的知、情、意、行的不同阶段和全过程,伴随在少年儿童道德养成的不同阶段和全过程,伴随在少年儿童道德形成的不同阶段和逐步社会化的全过程。

体验教育的实施,以从人与人、人与社会、人与自然、人与自我四个方面的关系中提炼出的少年儿童应当养成的良好行为习惯为内容,以自己的身份和视角、以他人的身份和视角或进入设定的实践和情境中去体验为形式,达到使教育内容触动少年儿童的心灵,进入少年儿童的内心,最终外化为少年儿童的实际行动的目标,从而为少年儿童养成良好的行为习惯奠定基础。

(二)"手拉手"互助活动

"手拉手"互助活动开始于20世纪90年代初,由共青团中央、全国少工委联合有关部门共同发起的,旨在倡导城市和农村、富裕地区和贫困地区、健康的和有残疾的以及不同民族的少年儿童之间相互通信交往、互帮互助、共受教益的一项实践教育活动。

"手拉手"互助活动的宗旨是:通过少先队员和队组织之间的交流、互助、服务,引导少年儿童了解国情、认知社会,从小培养爱国情感、集体主义和社会主义精神,培养乐于助人、团结友爱的健全人格。

开展"手拉手"互助活动的方针是:以城市为主导,辐射广大农村和老、少、边、贫地区;强调互助互学,共同进步,防止单纯的救助行为;提倡就近就便,量力而行。

每一位参加"手拉手"互助活动的少先队员都要经过三个步骤:第一步,"手拉手找朋友"。基层少先队组织提供贫困地区或有困难的少年儿童的名单,并组织队员填写"手拉手友情卡",找到需要帮助的小伙伴。第二步,"手拉手交朋友"。参加活动的队员要做到"五个一":交一个手拉手好朋友,写一封手拉手交友信,给小伙伴寄一本好书(或一份报纸、一件文具),为小伙伴做一件好事,向小伙伴学一种新知识(或新本领)。第三步,"手拉手看朋友"。各级少先队组织要利用寒暑假组织队员就近就便看望手拉手小伙伴,共同参加各种实践活动,体验生活。

(三)"雏鹰争章"活动

"雏鹰争章"活动是1992年启动的"中国少年雏鹰行动"的重要组成部分。根据江泽民同志"自学、自理、自护、自强、自律,做社会主义事业的合格建设者和接班人"的题词精神,全国少工委从少年儿童的年龄特征出发,把对少年儿童的思想道德素质、科学文化素质和健康素质等方面的要求,具体内化为若干枚"雏鹰奖章",鼓励少年儿童从日常生活及学习的具体环节入手,通过定章、争章、考章、颁章、护章,不断为自己确立新的目标,发现自己的潜能,看到自己的进步,证明自己的成功。

"雏鹰争章"活动面向全体少年儿童,人人可为,天天可为,打破了传统的单纯靠分数评价优劣的模式,成为衡量少年儿童综合素质的重要依据。各种奖章如同一根根纽带,把社会各方面的力量凝聚在一起,把校内和校外教育有机结合起来,为社会各方面关心支持素质教育提供了有效的载体。

(四)"民族精神代代传"活动

为全面贯彻落实党的十六大精神和"三个代表"重要思想,在亿万少年儿童中弘扬和培育民族精神,2003年10月,中宣部、中央文明办、共青团中央、教育部、全国少工委在全国少年儿童中共同开展"民族精神代代传"活动。

此项活动以弘扬和培育"以爱国主义为核心的团结统一、爱好和平、勤劳勇敢、自强不息的伟大民族精神"为主题,以丰富多彩的体验教育活动为载体,通过形式多样的学习实践活动,引导少年儿童以少先队中队、小队的组织形式,开展以"中国了不起,中国人了不起,做个了不起的中国人"为主要内容的"三个了不起"系列活动,教育引导少年儿童了解民族精神的丰富内涵,感受民族精神的伟大力量,逐步树立民族自尊心和自豪感,从小立志为实现中华民族的伟大复兴做好全面准备。

(五)"少年军校"活动

"少年军校"是少先队教育的创举。已经成为对少年儿童进行国防教育和提高他们多方面素质的重要载体，被写入了《中华人民共和国国防教育法》。通过让队员走进军营、把解放军请进校园等多种途径，学习初步的军事知识和军事本领，锻炼了强健的体魄，磨炼了意志，培养了遵守纪律、热爱集体、关心他人的良好习惯，学习了人民解放军的好思想、好品质、好作风。是目前在广大少年儿童中进行的爱国、爱党、爱军教育的重要活动之一。

据不完全统计，目前全国已有各级各类少年军校 13000 所。少年军校的种类很多，涵盖了多个领域，有海军、陆军、通讯、消防、交警等。

少先队员在少年军校学习的主要内容有：接受革命传统教育；进行作风和纪律方面的训练；学习基础的军事常识，接受国防教育。

（六）"中国少年儿童平安行动"

"中国少年儿童平安行动"是共青团中央、教育部、公安部、全国少工委于 2000 年 4 月共同开展的"少年儿童平安回家"活动的深化和拓展，是一项引导全社会都来关注和预防少年儿童意外伤害、促进少年儿童健康成长的社会公益活动，旨在进一步贯彻落实《中华人民共和国教育法》和《中华人民共和国未成年人保护法》，以共青团、少先队组织和教育、公安部门为主导，通过多种方式增强少年儿童自我保护的意识和能力，提高全社会预防少年儿童意外伤害的责任意识，营造全社会维护少年儿童合法权益、为少年儿童健康成长服务的良好氛围。

（七）"中华少年小甲A足球"活动

"中华少年小甲A足球活动"旨在贯彻落实邓小平同志"足球从娃娃抓起"的指示，促进和发展我国少年儿童足球事业。2000 年初由共青团中央、全国少工委发起并联合中国足球协会、中央电视台共同主办，每年一届，是迄今为止少先队组织开展的规模最大、影响最广泛、参与人数最多的全国性少年足球活动。

小甲A足球活动的基本理念是"体验足球，快乐成长"，它引导少年儿童在活动中体验"用心出智慧、配合有力量、顽强能进步"（小甲A足球队的口号）的道理，领悟"激情欣赏，文明表达"（小甲A拉拉队的口号）

和"积极参与，热情服务"（小甲Ａ志愿者服务队的口号）中蕴涵的民族精神和道德要求。活动的主要内容是动员和组织少先队员结合自身实际，在学校和社区自主选择参加足球游戏活动、足球文化活动和足球竞技活动。活动的基础组织形式是依托学校少先队组织或社区少先队活动阵地，因地制宜地建立形式多样的基层"小甲Ａ红领巾足球俱乐部"，按照"免费入会、自愿参加、自由组合、定期交流、集中展示、共同进步"的原则，自主组建"小甲Ａ足球队"、"小甲Ａ拉拉队"和"小甲Ａ志愿者服务队"等活动队，开展经常性的小甲Ａ足球活动。

（八）"雏鹰假日小队"活动

雏鹰假日小队活动是以"雏鹰"命名，在假日里，以中国少年雏鹰行动的"五自"学习实践活动、"手拉手"互助活动、"启明星"科技活动、"百花园"文艺体育活动和体验教育活动为中心内容开展的少先队小队活动。因假日小队的组队原则为：人数宜少，就近就便，自愿组合，适当调配，其主要活动时空一般为假日和社区、家庭，其辅导力量来源广泛，社会性、专业性较强，使雏鹰假日小队活动呈现出了小型、经常、多样、灵活、自主、贴近生活、不拘一格、充分利用社区和家庭资源等特点。许多雏鹰假日小队都有自己多种多样的活动阵地，并配合校内少先队雏鹰争章活动，实现着经常化、制度化、阵地化的目标。

优秀的雏鹰假日小队在活动中都能做到"十自"：①自愿组合建小队；②小队长自己民主选；③值日小队长自己轮流当；④小队名称自己起；⑤小队活动计划自己制订；⑥小队活动自己搞；⑦小队辅导员自己聘；⑧小队活动日记自己记；⑨小队礼仪自己定；⑩小队活动阵地自己建设。

（九）"少年科学院"活动

中国少年科学院是共青团中央、全国少工委在基层少先队组织探索、实践的基础上创办的。其目的是通过形式新颖、对少年儿童有吸引力、有激励作用的载体，向少年儿童普及科技知识，引导少年儿童参与科技活动，鼓励少年儿童爱科学、学科学、用科学，培养创新精神与实践能力。中国少年科学院的主要任务是通过开展科技培训、科技实践、科技竞赛和科技争章活动向全国少年儿童普及科技知识，发现和培养优秀少年科技人才，建设科技教育培训和科技体验阵地，开展少年儿童校外科技教育理论研究，举办国内外少年儿童科技交流活动，建立和完善科学体验活动指导队伍。

中国少年科学院设有专家委员会，主要承担决策、咨询、高层培训、理论研究、教材审定和"小院士"评选、认定工作。中国少年科学院设有工作委员会，负责具体工作指导、保障和监督，不断加强中国少年科学院的建设。为进一步明确创办中国少年科学院的指导思想，发挥其在少年儿童科技教育中的积极作用，1999年6月15日，共青团中央、全国少工委颁发《关于发挥中国少年科学院作用开展少年儿童科技教育的通知》，对中国少年科学院的办院宗旨、现阶段的基本任务、评选"中国少年科学院小院士"的具体要求等做了阐述。

2000年3月，全国少工委、中国少年科学院联合发起评选"全国百名科学小院士"活动。参评对象是小学生和初中生，经本人自荐，专家、老师或少年科技教育单位推荐，中国少年科学院专家进行全面、科学的评价，初评出200名候选人，通过在报刊、网络上介绍事迹，发动中小学生、少年科技爱好者投票评选，最终确定百名学生获得"中国少年科学院小院士"称号。

少年科学院这种阵地教育模式符合少年儿童教育规律，是现代教育理念的一种具体实践，因此深受广大少先队员的欢迎与喜爱。近年来，各地少先队组织创建了许多独具特色的少儿专业院所，使少年科学院这种教育形式呈现出多姿多彩、百花齐放的良好态势。

经验分享

"吴文化少年科学院"是我国少先队最早学习、研究区域历史、文化、社会、科学的少年科学院。从1998年起，江苏省无锡市堰桥中心小学少先队依托毗邻的吴文化公园，开展以吴文化为内容的研究活动。"吴文化少年科学院"下设吴地三百六十行、名人、经济科学发展、教育发展、蚕桑、稻作文化、船桥、交通、水利、名胜名产、风情、工艺制作等18个研究所，并建有红领巾导游团和小记者站。2000年，吴文化少年科学院举办了"吴地文化年"活动，组织队员过了吴地游戏节、吴地科技节、吴地小状元节和吴地民俗节等12个节，广泛开展了涉及三千多年吴文化发展方方面面的100个小课题研究。在活动方法上，参观、访问、调查、考察、实践与研究是最常用的手段。少年科学院聘请了15位吴文化专家、学者担任名誉院长、名誉所长，并以专家为龙头构建了多层次的辅导队伍来指导小课题研究。少先队员还参与了吴文化公园16个景点、18个馆区的部分导游、服务等社会实践活动。"吴文化少年科学院"在少先队的自主活动、自我管理、自我探究、自求发展方面走出了一条少先队教育的新路子，满足了少年儿童自身成长发展的需要，促进了全面素质的提高。2000年学校编印了《悠悠吴文化》12册校本读物。2003年出版了《我们走进吴文化——吴文化少年科学院成长录》。

(改编自：《少先队活动大全》，2009)

(十)"红领巾心向党"主题活动

作为一个思想性、政治性很强的组织，少先队要强调思想层面，特别要注重党、团、队的组织意识衔接，非常重要的是培养少年儿童对党和社会主义祖国的朴素感情。"红领巾心向党"主题活动的宗旨是，以科学发展观为载体，以体验教育为基本途径，以丰富多彩的少先队活动为载体，教育引导少年儿童认识"一面旗帜"——中国特色社会主义伟大旗帜，了解"一个目标"——夺取全面建设小康社会新胜利，坚定"一个志向"——时刻准备为实现中华民族伟大复兴贡献力量。

围绕"红领巾心向党"的主题，少先队组织主要开展以下活动：①开展"寻找新变化，感受新气象"活动。②开展"走近模范党员，学习时代先锋"活动。③开展"民族精神代代传"活动。④开展"手拉手，话小康"活动。⑤开展"争奖章，强素质"活动。⑥开展"阳光体育我能行"活动。⑦开展"学习自护促平安"活动。⑧开展"红领巾小社团践行生态文明行动"。⑨开展创建"快乐中队"活动。⑩开展"促和谐，做贡献"活动。

(十一) 十分钟队会

十分钟队会是在十分钟里举行的由队员自主设计、主持、筹备的，可长

期开展的一种队会,是一种独特新颖、充满乐趣的少先队活动,能充分满足队员们的活动欲、自主欲、表现欲、创造欲。它简单易行,能够天天开展,人人参与。十分钟队会的内容多种多样,一般有组织管理类队会,比如"评议我们的小干部"、"落选后的遐想"等;有思想教育类队会,比如"小队新闻发布会"、"说古谈今夸家乡"等;有辅助课堂教学的队会,比如"漫游英语王国"、"查字典大比拼"等;有交流生活经验的队会,比如"小窍门展示"、"双休日巧安排"等;有益智促能类队会,比如"走进数学宝库"、"小博士答疑台"等;有体育游戏类队会,比如"游戏看台"、"小奥运擂台赛"等;有文艺类队会,比如"超级童声串串烧"、"笑话接龙"等;有科技类队会,比如"月球开发策划"、"我们未来的家"等。十分钟队会也可以固定每天的内容:周一,学习我最棒(导航台);周二,课外小知识(知识快车道);周三,风采展露(各显神通);周四,读报故事会(故事擂台);周五,大家乐一乐(快乐大本营)。

十分钟队会一般由队员轮流主持,人人都有角色,个个都能发挥主人翁作用。它给队员创造了独立实践的锻炼机会,是强化队员主体意识的有效手段。队员们将十分钟队会的特点概括为:"十分丰富、十分有趣、十分民主、十分灵活、十分开心"。

(十二) 社区少先队活动

社区少先队活动是指队员们在城市街道、社区及农村乡镇、行政村开展的少先队活动。其主要内容包括:强调广泛动员家长和社会各界人士参与指导的"雏鹰争章"活动;根据少年儿童的年龄特点、兴趣爱好,结合社区实际开展的游戏、制作、讲演、比赛等特色活动;为少年儿童提供咨询、权益保护、学习辅导、交友、信息等健康成长服务的活动;少年儿童参与社区建设的社区公益、互助服务、送温暖、精神文明宣传、小手牵大手等方面的活动。社区少先队活动的重要特点是少先队活动与社区活动相互渗透并结合,一方面,少先队组织充分利用社区资源开展活动;另一方面,社区中的政治、文化等社会性活动,少先队员选择其力所能及的主动参与。

 经验分享

给墙壁"洗脸"

　　山东省招远市张星镇傅家初级小学三(2)班中队的队员们,在假日里开展小观察活动时,发现盛家村里的墙壁又脏又乱。有的上面残留着十年动乱期间写的标语、口号;有的上面涂抹着不雅的广告;有的上面还杂乱地写着一些不健康的内容,还有的上面是孩子们胡乱作的画……这些东西既影响着村容村貌,不利于村里的精神文明建设,又对队员们的成长产生了不良影响。于是,队员们组成了一个小队,利用节假日开展活动,还自己起了一个既形象生动又贴切实在的活动名称——给墙壁"洗脸"。

　　队员们活动的第一步是进行调查。他们走街串巷寻找墙上的标语、口号,并一一记录墙壁上写画的内容和具体位置,再请辅导员老师和他们一起来讨论分析,哪些还有存在的价值,哪些还有保留的意义,哪些是不正确的,哪些是没有存在必要需要立即"洗掉"的。在调查研究过程中,队员们辨别是非的能力和审美能力有了明显的提高。

　　队员们的第二步是有计划地逐个给每一面墙壁"洗脸"。他们分工合作,从家里拿来抹布、洗衣粉等清洁用品,对应该洗刷掉的地方,一起动手,撕的撕,擦的擦,直到没有痕迹为止。他们还在一些墙壁上写上了文明用语,画上了图画。经过一段时间的共同努力和辛勤劳动,全村所有的墙壁都旧貌换新颜了。

　　不久,镇里评选卫生村,盛家村榜上有名。村民们都夸赞说:"卫生村的好名声里有红领巾的一份功劳!"

(改编自:《少先队活动大全》,2009)

　　社区少先队活动既能帮助少先队员接触社会、接触自然、接触实践,在参与中拓展视野、自主体验,又能保证活动中队员们的安全,是学校、家庭都能放心的教育活动。

（十三）英雄中队

"英雄中队"以英雄的名字命名，以英雄的精神引领，是对少年儿童进行爱国主义教育的有效载体。

1955年，全国第一支英雄中队——"190中队"在浙江省杭州市惠兴女中（现为11中）诞生。如今，"英雄中队"从当年的一枝独秀，发展为今天的遍地开花，诞生出包括"左权中队"、"雷锋中队"、"白求恩中队"、"李四光中队"等在内的一大批优秀集体。这些"英雄中队"升华着一代又一代少先队员的精神世界，助推着一茬又一茬少年儿童的成长。

经验分享

卢志英中队：雨花台上红花开

江苏省南京市中山小学有一支"卢志英中队"。从20世纪80年代成立到今天，"卢志英中队"的辅导员换了一个又一个，"卢志英中队"的队员走了一茬又一茬，流逝的是岁月，不变的是这份英雄情怀。

20年前，丁秀芝老师向中山小学的队员们推荐了一本名为《我和爸爸一起坐牢的日子》的书。阅读完后，队员们被其中的故事深深打动，被其中的情感深深感染，于是，不约而同地萌发出"寻找卢志英烈士墓"的想法。功夫不负有心人，队员们终于在雨花台找到了卢志英烈士的墓。在一个晴朗的下午，一场别开生面的读书会在中山小学校园举行。读书会给队员们播下了革命理想的种子，激发了队员对革命前辈的敬爱之情，卢志英烈士的高大形象也第一次矗立在孩子们的心中。

在学习卢志英事迹过程中，队员们了解到卢爷爷在监狱中经常帮助、鼓励年轻人。于是他们思考：我们能不能也开展一帮一的活动呢？很快，"一帮一小队"在中山小学如雨后春笋般出现，互帮互助的好风气盛行。一次考试，一名队员数学考了100分，但他仍然很不开心，问他为什么，他说和他结对的小伙伴只考了85分。原来，他在自责没有全力帮助自己的小伙伴啊！

有一次，"卢志英中队"的队员在为卢志英烈士扫墓时偶遇卢志英的母亲。

卢妈妈的一席话让在场的少先队员，特别是女孩子下定决心要做一名像卢妈妈那样有坚强意志和崇高志向的人。

"卢志英中队"的队员们学英雄事迹，做正直的人；感英雄精神，做坚强的人；走近英雄，做博爱的人；寻英雄足迹，做接班的人。他们在"树英雄榜样，做科技新人"目标的指引下，努力着，进取着。

如今的中山小学，在"班班学英雄、队队有特色、人人有特长"口号的感召下，已经建立起好几支英雄中队。"高玉宝中队"和"王杰中队"的队员们不定期给高爷爷、王杰班的叔叔写信，汇报自己的学习和生活情况；"桑兰中队"的队员搜集各种媒体上关于桑兰的报道，学习她坚强的性格和爱国精神……

（改编自：《少先队活动大全》，2009）

（十四）红领巾小社团

近年来，伴随着体验教育活动的深入开展和社区少先队工作的逐步推进，红领巾小社团得到了蓬勃开展，已成为学校和社区少先队工作的一种新的组织动员形式和有效活动载体。今天的红领巾小社团正朝着专业化、实用性、时尚感的方向迈进：学术类、艺术类、体育类、科技类、实践类等社团分类标准更加细致和明确；心理、影视、文学、科技、环保、体育、游戏、艺术等社团更加贴近实际，贴近孩子们的生活；"协会"、"茶庄"、"剧团"、"画社"、"俱乐部"、"科学院"、"服务站"、"导游团"、"国学社"、"大本营"、"超炫地带"、"科技园地"、"小法庭"、"学苑"、"工作室"、"联盟"、"公司"、"研究院"、"艺术团"等社团名称更加时尚，充满动感和童趣。实践证明，加强红领巾小社团的建设、管理和引导，将能进一步增强学校和社区少先队的活力，更好地发挥少先队实践育人、文化育人、组织育人的重要作用。

少先队品牌是少先队吸引广大少先队员的核心力量，是少先队组织在育人功能方面积累的一笔长效的无价资产，它产生着巨大的"磁场"效应。"大教育"需要塑造"大品牌"，"大品牌"才能促进"大发展"！少先队工作又何尝不是这样。

第八项修炼

为星星火炬打好"底色"

——辅导员如何有效提升专业素养

  少先队辅导员是少年儿童人生追求的引领者、实践体验的指导者、健康成长的服务者、合法权益的维护者、良好成长氛围的营造者。可以毫不夸张地说：少先队辅导员是少先队事业的支架和基础，是提升少先队工作质态，促进少年儿童快乐成长、全面发展的关键和保证。

  在新时期，随着成长环境的深刻变化，今天的少年儿童呈现出显著不同于以往的一些新特点、新变化。少先队组织面临的形势也不断发展变化，新问题、新情况不断出现。当然，也给少先队辅导员的职业生涯带来了越来越多的冲击与震荡。对于辅导员而言，激流勇进方显英雄本色，知难而退就是自甘平庸。新的历史时期，少先队组织越来越强烈地呼唤辅导员的专业塑造和专业成长。

  英国著名的哲学家培根曾经说过：每个人都是自己命运的建筑师！作为辅导员，我们要十分重视在学、思、行中锤炼和提升自身的专业素养，不断充实自己的专业底气，用专业素养来塑造自己。

一、当好少先队员的亲密朋友和指导者

《队章》第十六条指出："我们的辅导员：由共青团选派优秀团员或聘请思想进步、作风正派、知识丰富、热爱少年儿童的教师以及各条战线的先进人物来担任。他们是少先队员的亲密朋友和指导者，帮助中队或大队委员会进行工作，组织活动。"

《教育部关于进一步加强中小学班主任工作的意见》（教基〔2006〕13号）将"指导班委会、少先队中队、团支部开展工作，担任好少先队中队辅导员，组织开展丰富多彩的团队活动"纳入中小学班主任的工作职责。

《队章》告诉我们：什么人担任辅导员，他们是什么身份，做什么工作。教育部也明确了班主任要担任好少先队中队辅导员。但是，辅导员怎样当好队员的亲密朋友和指导者？怎样帮助队委会进行工作？怎样组织活动？而这些正是对班主任兼中队辅导员的教师在少先队工作方面的基本专业要求。

在我们具有中国特色的社会主义教育体系中，学校和少先队都是基础教育阶段对少年儿童产生教育影响的重要因素。学校主要是通过所有任课教师的课堂教学及班主任的班级管理，实施对少年儿童的教育。这些都是来自教师对少年儿童的教育影响。少先队组织通过充分体现自身的本质特征，发挥组织特有的教育功能，使孩子们在组织中获得教育影响。即通过少儿主体的少先队组织自转及丰富多彩的活动体验，使孩子们获得自我教育。

在我国，少先队组织对少年儿童所产生的教育影响具有不可替代性。少先队组织必须按照《队章》规定选聘成人辅导员以亲密朋友和指导者的身份，来帮助中队或大队委员会进行工作，组织活动。少先队辅导员专业素养的核心就是当好少先队员的亲密朋友和指导者。

因此，全体少先队辅导员所要执行的专业路线是：从亲密朋友和指导者的角色定位出发，通过充分尊重和发展少先队少儿主体、组织自转、活动体验、自我教育的组织特征，有效地发挥少先队特有的教育功能，让基

层队组织活跃起来，实现在学校教育中使每一名少年儿童都能切身感受到少先队组织深刻影响的目标。

"亲密朋友和指导者"是少先队早在四十多年前就从实践中总结得出并写入少先队章程的理念。"亲密朋友和指导者"这个对少先队辅导员角色定位、辅导思想、工作方式的界定，在我国少年儿童教育领域长期处于领先位置，在倡导"少儿本位、队员主体"的观念方面，发挥了不可忽视的重要作用。

新一轮课程改革大力提倡教师要从知识的传授者转变为学生学习过程的指导者，要从讲台上走下来与学生做朋友。这就是说，我国教育现代化的发展方向要求我们每一位辅导员不仅要在理论上更要在实践中，不仅要在辅导意识上还要在辅导行为中，真正实践"亲密朋友和指导者"这个现代教育理念，增强"亲密朋友和指导者"的专业修养。

经验分享

"亲密朋友"的六条"标准"

(1) 知道少先队怎回事——认识、热爱少先队；

(2) 有事和孩子们商量——服务、尊重小主人；

(3) 与孩子们友好亲近——民主、友爱好作风；

(4) 对孩子一碗水端平——公道、公正办事情；

(5) 做人做事都是榜样——榜样、示范带头人；

(6) 会和孩子们一起玩——多才、多艺兴趣广。

合格"指导者"的七点"做到"

(1) 清楚自己双重身份——二任同身，不居高临下；

(2) 脑里熟记队的章程——遵章工作，不个人意志；

(3) 懂得辅导不是教导——辅助引导，不师道尊严；

(4) 主动掌握队的业务——行家里手，不茫然朦胧；

(5) 倾听尊重队员心声——一进一退，不包办代替；

(6) 善给队员出谋划策——从旁参谋，不命令指挥；

(7) 充分发挥组织功能——以队促班 不以班替队。

(王延凤,2008)

二、架构专业发展规划

人生有一种智慧叫远见,有一门功课叫规划。随着信息化和学习化社会的到来,每个人都需要具有终身发展的愿望,具备自主思考并规划人生的能力。辅导员要提升自身的专业素养,首先就要学会自我规划,制订适合自己发展潜力和需求的专业发展规划。

但是,长期以来,我们大部分辅导员缺乏对自我专业发展的规划。今年要看哪些书?要写什么文章?要思考些什么问题?要做哪方面的研究?三五年内要达到哪些成长目标?怎么去逐步实现?大多数辅导员很少静下心来好好地想一想这些实在是太重要了的问题。我们好多辅导员习惯了按行政指令办事,习惯了凭经验办事,每天沉溺于琐碎繁杂的日常事务中,没有自我设计的目标,只会随大流,从而贻误了许多专业发展的好机遇。

辅导员专业发展规划的制订是辅导员追求自主发展、自我实现的重要环节。有效的专业发展规划应该包括(李明高,2008):①全面充分地认识自己,对自己的能力、兴趣、需要等个性因素进行全面的分析,充分认识自己的优势与缺陷。②分析专业发展的环境因素,把握专业发展的大方向,抓住专业发展的机会。③确定现实的专业发展路径和目标。④制订专业发展的行动方案。⑤对自己的发展规划进行深刻的反思,并及时地进行调整。

架构辅导员专业发展规划还要注意以下三个基本要素(邱孝感,2006):有"方向标"、有"进阶图"、有"个性表"。所谓"方向标",就是指一个人生涯发展的远景目标。辅导员要用科学发展观指导生涯发展,首要的是"择其所爱、爱其所择",为自己确立一个"发挥所长、满足所需、贡献所智、达其所能"的人生最高目标,并在达成目标的过程中,注重工作人格、工作思维、工作习惯、工作责任、工作使命感的建构。所谓"进阶图",就是指一个朝着生涯目标努力去达成的每一次提升和每一个台阶。一般来说，辅导员职业生涯发展大致要经历五个阶段：探索期、定位期、奋发期、成就期、渐退期。在不同阶段、不同时空，辅导员都要有特定的生涯进阶使命。所谓"个性表"，是指每个人的生涯发展都在彰显个性，都是独一无二的。每个人都有不同的人生定位、兴趣特长、思维方式、生活习惯等，所以，辅导员专业发展规划需要根据自身的兴趣、特点、天赋、价值观等综合分析，以冷静的目光做前卫而现实的审视，构建独特的"个性表"。

经验分享

辅导员三年发展规划

一晃参加工作已经第四个年头了，一直以来担任辅导员，兢兢业业地工作在岗位上。面对忙碌繁杂的班队事务，总会感觉无奈和无力。我想是自己的专业素养还不够扎实，对待工作还需要更多的知识和经验。为了更系统科学地学习专业发展理论，并与自己的工作有效结合，让我的辅导员工作更加游刃有余，特制订个人三年发展规划。

一、本人的基本情况

2006年8月，我从绍兴文理学院上虞分院毕业，走上了讲台，就开始担任中队辅导员。因为做辅导员时间不长，对工作缺乏经验，我深知自己肩负的那副担子很重，所以我要主动学习，丰富自己，并用我的真诚与奉献，带领队员们一起健康快乐地成长。

二、总体目标

（1）成为一个有"感觉"的辅导员：能全方位地了解孩子们，成为少先队员的亲密朋友。

（2）成为一个有"灵性"的辅导员：能够精心设计和组织开展内容鲜活、形式新颖、吸引力强、有意义的实践活动。

（3）成为一个"会学习"的辅导员：能够通过多种途径不断地学习研究，提升自身能力，更高效地做好少先队工作。

三、具体目标

第一年度目标

学习阶段——摸索：通过多种途径的学习，摸索少先队工作并能通过学习—提高—反思，使少先队工作能力明显提高。

第二年度目标

研究阶段——领悟：通过思考、锻炼，逐渐能做到别人的经验为我所用，总结工作经验，开始用自己的语言、表达方式和方法来探索性地进行工作。

第三年度目标

创新阶段——独特：结合自己细腻的个性，以细心关爱队员为突破口，想孩子之所想，真正地走进孩子们的心田，为孩子们的发展努力。

四、实施措施

1. 做"学习型"辅导员

（1）坚持不懈地读书。读书是进步、充电的最好途径。我首先要给自己制订读书计划，列出几本辅导员专业书籍作为必读书目，并订阅《辅导员》、《少先队研究》等杂志，坚持每天至少认真学习1小时。

（2）多渠道地学习。要做学习的有心人，从书本中学习教育教学理论和专业知识，增加自己的理论积淀。也要在"无字处"学习，平时加强与中队辅导员的交流联系，特别是虚心向有经验的辅导员学习，不断吸收别人的经验，以丰富自己，使自己成长进步的速度更快。还要向网络学习，上网搜集学习各种资料，在网上冲浪中获得启迪。更要抓住外出培训这样难得的学习机会学会细心聆听，学会认真记录，学会潜心理解。

2. 做"反思型"辅导员

（1）反思昨天。善于思考，才能在实践中探求、感悟。加强日常工作中对学生的观察与反思，培养对教育的敏感性，力求能敏锐地感受到孩子的需要。

（2）审视今天。坚持每天记教育教学日记，养成及时反思和勤于积累的习惯。改变以往把反思当做交差的观念，上升为内在的反思，把自己平时工作中所观察到的一点一滴及所思所想记录下来。要求自己每学期写一篇"个人成长足迹"，这样可以根据规划的实施情况做适当调整和进一步提高。

3. 做"实干型"辅导员

（1）在学习中思考，在思考中创新。时刻把工作与学习，把工作与思考相结合，在思考中工作，在工作中思考，就能创造性地开展工作。

（2）认真对待每一位孩子，认真处理每一件事情，认真策划搞好每一次活动，不断积累丰富的经验。

（3）在教育理念上更新，提高心理健康教育水平，并在日常工作中贯彻落实教育理念。

和煦的春风轻拂着嫩绿的柳条，金黄的阳光柔柔地洒在江面上。而在我人生的坐标上，我愿像一股柔和的细雨，用无限的爱心来浇灌我的学生。三年的时间是漫长而又短暂的，相信通过我的努力，我会长成一棵挺拔的绿树，孩子们会在我的带领下开出绚烂美丽的花朵。

（丁丁，2010）

社会发展、教育改革，为每位辅导员创造了多样化的发展机遇和可能，关键是你是否做好了迎接这些机遇的准备。机遇从来只垂青那些有准备的有心人。辅导员的专业发展规划是对你教育人生的成长设计，也是为迎接机遇做准备。它是辅导员发展的指南，是辅导员成长的方向。规划蕴含着思想，蕴含着价值，蕴含着动力，蕴含着自我期待和希望。要把它变成现实，关键在于落实，在于坚守理想和信念。

我们可以套用一下武汉红金龙集团的企业发展理念："思想有多远，我们就能走多远。"对辅导员而言，同样如此。

三、让阅读成为一种生活状态

阅读，有一万个理由。余秋雨说："阅读的最大理由是摆脱平庸。一个人在青年初期就开始平庸，那么今后要摆脱平庸就十分困难。"何谓平庸？平庸是一种被动而又功利的谋生态度。平庸者什么也不缺少，只是无感于外部世界的精彩、人类历史的厚重、终极道义的神圣、生命含义的丰富。朱永新说："一个人的精神发育史实质上就是一个人的阅读史，而一个民族的精神境界,在很大程度上取决于全民族的阅读水平。"

那么,今天中国人的读书现状是怎样的呢?据统计,犹太人每人每年阅读 64 本书;俄国人 55 本;美国人 50 本;中国人不足 5 本。又据《中国教师报》报道:在教师的个人藏书方面,有 61.4% 的教师个人藏书在 100 册以内,其中 10.5% 的教师是"基本没有";在教师年购书支出方面,有 60.5% 的教师在 200 元以下,8.7% 的教师是"基本不支出";在每天的阅读时间方面,有 70.4% 的教师每天的阅读时间在 1 小时以内,2 小时以上的教师仅占 8.7%。

时下,辅导员们疲于应付烦琐的少先队事务工作,有心阅读的辅导员在逐渐减少,有阅读计划的更少。这不能不说是一种遗憾。

我们经常习惯用"职业倦怠"来描述一线辅导员的工作状态。怎样走出这种境地?路,只有一条,那就是阅读,辅导员要用阅读来拯救自己。辅导员职业和工作的性质决定了阅读应成为辅导员的一种生活方式,应成为辅导员的一种生命状态。

(一)阅读是辅导员成长的源泉

新一代的管理大师彼得·圣吉说:"未来唯一持久的优势,是有能力比你的竞争对手学习得更快。"一位辅导员不亲近阅读,不做精神世界的"美食家",就无法满足少年儿童的需求,教育中就会捉襟见肘。辅导员要把阅读作为终身的"备课",努力做一个学习型的辅导员,因为,知识的宽度将最终决定辅导员所能达到的高度。

(二)阅读是辅导员生存的方式

苏霍姆林斯基在《给教师的建议》中指出:"把每一个学生都领进书籍世界,培养对书的酷爱,使书籍成为智力生活中的指路明灯。"阅读能使人们的心灵得到净化。毛姆告诉我们:"养成阅读的习惯等于为自己筑起了一个避难所,几乎可以避免生命中所有的灾难。"无论我们在生活中遇到什么样的问题,都可以通过阅读来开拓胸襟,拓展思路。阅读还能够时刻审视自己的专业生活方式、行为方式和思维方式。

（三）阅读应成为辅导员人生的乐趣

读书如同听音乐，一进入即换一番天地。时入蛮荒远古，时入异国他乡，时入霞光夕照，时入人间百味。书页打开了我们的心扉，牵扯着我们的感觉，进而升华成一种图腾。阅读不只是去读，更重要的是自我觉醒，给自己带来愉悦的体验。读书要有好心情。当自己心情不好时，可以适当破例，多参加些运动，调整好心态，让心情愉快，才能快乐"悦"读。读书要有安静的环境。平心静气地读书，能够让自己在安静的环境中全心地投入书本，少点浮躁。读书要对自己有奖励。善待自己，每当读完一整本好书，写出一篇优质的读后感，就奖励自己，可以满足自己的一个小心愿，买件漂亮衣服或者外出撮一顿。

（四）阅读更重要的是读出自己

阅读的意义不仅仅在于获取外在世界的信息，更在于向内思考人生，丰满内心。因此，阅读更重要的是要读出自己，这是阅读的一种上品境界。要读出教育的知识，读出教育的思想，读出自己的理解，读出自己的体会，读出自己曾经的困惑、喜悦、顿悟或灵动，读出自己的需要，读出自己的问题。一名优秀的辅导员要养成几个阅读的好习惯（郭元祥，2008）：一，有计划地读。每学期系统地读一两本专著，获取里面的新信息、新观念、新策略、新问题。二，边读边思考，带着问题阅读。三，做好读书笔记。把引发自己思考的观点记下来，把自己的理解、思考、困惑写下来。四，交流与分享。古人云：独学而无友，则孤陋而寡闻。阅读需要呼朋唤友，交流分享。

（五）辅导员应该读哪些书

夏丏尊说："我主张把阅读的范围，分成三个，一是关于自己职务的；二是参考用的；三是关于趣味或修养的。"余秋雨建议找些名著垫底。名著因被很多人反复阅读，已成为当代社会词语的前提性素材，如果不了解名著，就会在文化沟通中产生严重障碍。

阅读一般可以分为基础阅读、检视阅读、分析阅读和主题阅读四个层次。辅导员的阅读要广泛，应该包含四个方面：专业方面的；兴趣与爱好方面的；人文社科方面的；教育心理方面的。我们不仅要读孔子、陶行知，也要读杜威、苏霍姆林斯基；不仅要读少先队学、少先队活动大全，也要读教育学、文学、哲学、美学、传播学、管理学等方面的书；不仅要读成人的书，还要读孩子们的书；不仅要读书籍，还要读杂志，读网络。辅导员应该成为"杂家"。建议辅导员先阅读《读书的艺术》、《如何阅读一本书》等著作作为读书的引导。

 经验分享

我的2010年读书计划

书籍是人类宝贵的精神财富，是人生奋斗的航灯，是人类进步的阶梯。为了让自己养成每日读书的好习惯，使读书落到实处，特制订以下读书计划：

1. 读书目标

(1) 一年内保证至少精读6本专业书籍，尽量多地读各类书籍。

(2) 通过读书不断增长少先队理论知识，努力提升理论和实践水平，指导与反思自己的少先队工作，并以此提高工作能力。

(3) 让读书充实生活，让自己真正喜欢读书，享受读书带来的乐趣。能够合理地安排时间读书，渐渐地把读书变成日常生活中必不可少的事情，逐步养成多读书、读好书的习惯。

2. 阅读书目

(1) 轻松阅读：漫画书《父与子》、《加菲猫》，几米系列，《不生病的智慧》，《希区柯克小说》等。

(2) 专业阅读：《张先翱少先队教育文集》、《少先队工作ABC》、《让工作快乐起来》、《走在教育的边缘》、《学会关心——教育的另一种模式》、《教育的真情与智慧》等图书，《辅导员》、《少先队活动》等杂志。

(3) 经典阅读：周国平、余秋雨散文，《论语别裁》、《老子他说》、《唐诗三百首》。

3. 读书措施

(1) 工作日每天抽一节课时间读辅导员专业知识书籍,每天晚上保证1个小时固定读书时间,静心、细致地读书。双休日能保证3个小时的读书时间。平时能在课间见缝插针地用好点滴时间,读读漫画、小说等,化零为整地利用时间。准备精美的本子,认真做好读书笔记,保证每周笔记不少于500字。

(2) 保证一个月精读理论书籍1本或杂志1本,撰写一篇有切身感受的读后感。

(3) 充分发挥网上资源共享的优势,经常上网学习,了解各种读书信息。建立自己的博客,记录读书进程,撰写读后感。

(4) 多去图书馆、阅览室泡泡,淘好书。

(5) 认真参加学校组织的各种读书活动,主动与同事交流,积极和其他老师交流自己的学习体会与心得,多反思,多总结。

培根说:"读书足以怡情,足以博彩,足以成才。"让我通过读书,使人生变得丰富多彩,不被社会、被时代、被我们的孩子所淘汰,从今天开始,我要打开书本,打开自己的成长之门,走向人生发展的最高境界!

(丁丁,2010)

要想真正成为有思想的辅导员,那就去阅读吧!让我们在阅读中求静养;在阅读中求宣泄;在阅读中求开拓;在阅读中求美妙;在阅读中求变通;在阅读中求丰富;在阅读中求快乐;在阅读中求智慧;在阅读中求光明。

到哪一天,你感觉到"读书,像呼吸一样自然"了,你也就成功了。

四、"经验 + 反思 = 成长"

这是美国学者波斯纳(G.J.Posner)归纳出来的教师成长的规律。他还指出,没有反思的经验是狭隘的经验,至多只能形成肤浅的知识,教师如果仅仅满足于获得经验而不对经验进行深入的思考,其发展将大受限制。反思是辅导员自我觉悟和自我提升的过程,是一种用来提高自身的专业素养、改进工作实践的重要的学习方式。"思之则活，思活则深，思深则透，思透则新，思新则进"说的就是这个道理。

现在一般认为：反思就是用批判和审视的眼光，多角度地观察、分析、反省自己的思想、观念和行为，并做出理性的判断和选择的过程。

少先队辅导员到底要反思什么？又该如何进行反思呢？

（一）反思什么

作为少先队辅导员，我们要对自己的活动设计与所倡导的理论、期望与行为结果进行比较，明确问题根源。包括：所订活动目标的适用性、合理性；为实现目标所采取的活动策略是否合适；是否符合少先队活动的基本原则，活动当中哪个环节体现出了新的教育理念；各类队员是否都达到了预定的活动目标；改变计划的原因和方法是否有效，采用别的活动和方法是否更有效果，理论依据是什么。

作为少先队辅导员，我们还要反思活动目标的落实情况，包括活动中的行为选择、方法选择、多方互动策略选择以及判断等。包括：是否达到预期的活动效果；回忆活动是怎样进行的，优点与不足分别是什么；哪些环节是方案中提前准备好的，并在活动中也确实收到了良好的效果；哪些地方是方案中没有提前想到的，但自己在活动中意识到了并处理得比较合适，收到的效果比较好；哪些地方是方案中提前备好的，但在活动中没有驾驭好，自己意识到了，今后该怎么改进。

对辅导员而言，反思的本质就是我们对教育或管理活动进行总结、思考、扬弃、改进、提高的一种思维活动，是一种理解和实践之间的对话。

当然，辅导员需要反思的内容有很多，比如，辅导员角色定位、少先队快乐集体建设、少先队工作机制创建、少先队特色品牌构建……

（二）怎样反思

少先队辅导员又该如何进行反思呢？我们可以尝试用以下方法进行反思。

（1）总结反思法。每过一个时间段、每完成一个科研课题、每参加一次会议或研讨活动、每一次活动结束后，辅导员要及时总结活动的全程，进行全方位的总结性反思。就辅导员的专业成长而言，总结是一种习惯和必备的能力。总结是反思的起点，总结过去的经历和经验、感想和感悟，就是反思的开始。

（2）视频反思法。对少先队活动进行全程录像，辅导员以旁观者的身份观看自己的活动过程录像，以收到"旁观者清"的效果，从而提高自己的活动鉴赏能力。

（3）对话反思法。辅导员通过与其他辅导员研讨交流来反思自己的活动行为，使自己清楚地意识到隐藏在活动行为背后的教育理念，进而提高活动监控能力。

（4）关键事件记录反思法。关键事件是自己认为对自己的专业发展影响较大的事件，可能是一次效果很好的少先队主题活动，也可能是一次与同事的策划研讨，或者是一项重要的工作制度等。辅导员要对关键事件进行记录，以便为事后回顾反思提供原始素材。

（5）个案反思法。通过对单个活动、某项工作或某个活动环节的反思及对主要活动过程进行整体反思，以改进、优化活动，同时强化自己的研究意识，为新一轮活动提供借鉴。

（6）以他人为镜法。向同行学习，及时发现自身工作中的成绩与不足，以求吸收、借鉴、改进、提高。

（7）信息反馈法。工作中及时吸纳各种反馈信息，以求恰当调整、合理改进工作。可以经常让队员对少先队活动进行评价，辅导员从队员评析中获得反馈信息，从中分析、反思，不断优化活动。

经验分享

精彩无限在实小——观摩湖塘实验小学少先队活动有感

实小的少先队工作是源远流长的，是有着十分浓厚的底蕴和较强的实力、基础的。今天上午举行的两个活动，三(2)、四(2)中队《蓝天下我们一路同行》主题联合中队活动以及《情系静悦，爱心无限》、《成长在线》第一期专题，让人佩服至极，叹为观止。真是不虚此行，受益匪浅。

观摩完毕,我有以下几个感觉:

感觉之一:"手拉手"中队联合搞区级观摩活动,这在武进是首次,也可能是首创。这是一个真实的活动,事件的发生、发展,每一个环节都有真实的记录与再现。可以说整个活动的策划是独具匠心、胸有成竹、井然有序、准备充分,不是为观摩而活动,而是活动过程的积累、沉淀,是一种深层次的呈现。"手拉手"故事已经发生,"手拉手"的故事正在发生,"手拉手"的故事不会因为今天的活动结束而结束,观摩结束而结束。少先队活动就要搞这样有强大的生命力,有丰富的现实意义,充满真情实感和活力的活动。

感觉之二:实小的辅导员紧紧抓住《少先队辅导员工作纲要》三年级工作目标中"手拉手"的争章要求,进行了认真贯彻和落实。工作目标中三年级"手拉手章"获章标准是:①有一个"手拉手"朋友。②与"手拉手"好朋友通信交流。③帮"手拉手"好朋友解决一个困难。④学习"手拉手"好朋友的一个优点。这是最基本的要求和标准,无须多说,我们三(2)中队的同学们,都拥有了自己的"手拉手"朋友,而且"手拉手"朋友之间发生了很多很多的故事。这是谁给带来的?是实小的辅导员老师。实小的辅导员充分利用身边的外来子弟学校的资源,为孩子找朋友,交朋友,让他们拥有更加宽广的天地和交往的舞台。

感觉之三:整个观摩活动的流程设计与活动生成,是那么自然、清新、流畅,娓娓到来,如小溪流水般潺潺,每个细小环节都是那么细腻、朴实,给人无限的美感。我十分欣赏活动的每一瞬间,而其足以见功夫。很多的切入点都是无痕的,如,实小学生的才华展示是那样巧妙、自然。这就是实小的风采啊!我很是佩服。

感觉之四:活动的结尾,在《手拉手之歌》的音乐中,我们兴奋,我们激动,让人感动。真的,在这里我看到了"手拉手"活动的真谛,让人感觉到了"手拉手"活动是蓝天下从未有过的崇高。这个活动很是成功!很让人感动,给人以启迪。向为本次活动付出辛勤劳动的领导、辅导员老师表示热烈的祝贺和衷心的感谢!

(改编自:储宁玲,2006)

善于反思是成功者的一种优秀品质。借鉴别人,思考自己,留下精

华,扬长避短,丰富自我。反思的过程,就是对自我的锤炼过程,更是一个提升的过程。其实,当我们静心反思的时候,我们已经超越了自我,站在了"我"外或比"我"高的境界了。现在,许多辅导员丧失工作激情的重要原因,也正是忘记了思考,他们只会被动地应付、机械地重复。

笛卡尔说,我思故我在。愿广大辅导员都成为"反思型辅导员"。生命因反思而精彩。

五、笔尖,应该流淌着思想的声音

一名优秀的少先队辅导员要学会表达自己的见解,而写作则是表达自己见解的最佳方式。写作是辅导员教育生活体验的真切表达,更是砥砺心智的一种有效途径。每一位少先队辅导员都应该让自己的笔尖时常流淌着思想的声音。

(一)怎样写教育随笔

教育随笔是最适合辅导员的一种写作形式。

对于一线辅导员来说,不敢说每一次活动都有体会最深的心得,但每天都要面对不同的队员,只要我们善于发现,做个有心人,随笔的素材就随手可得。我想,我们应该从以下几个方面着手实践:读书笔记、工作日记、教育案例、活动反思、队员个案记录、心灵感悟……

写教育随笔实际上就是个思考与积累的过程。由于我们身在教育第一线,在平时的少先队工作中,自觉地融入了自己的智慧,常常会有所感悟,倘若能及时记录下自己的教育心路,这对今后的少先队工作无疑是有帮助的。教育随笔,篇幅短小,也无须上升到多高的理论层面,因而写起来比较简单。

那么,教育随笔写些什么呢?

我们可以记工作得失。每位辅导员都有一份属于自己的"试验田",在工作中,每一位辅导员都会有令人欣喜的、成功的实践。成功了,静下心来想一想:为什么会取得成功?主要收获在哪里?抓住自己的成功之点，深入地想，好题材就这样诞生了。同样，工作中的失误也是不可避免的。面对失误，我们应该冷静地想一想：为什么会失误？主要症结在哪里？该用什么方法弥补？应该吸取什么教训？……好题材又诞生了。

我们还可以录教育机智，写教育偶得，记学习所悟。

其实写随笔很简单，只要把自己的所见、所闻、所思，把身边真实的世界移到自己的笔下，移到自己的手指间，移到自己的硬盘中即可。不必过分强调逻辑，不必十分讲究文采，而应是你自然感受的流淌，心灵的私语，智慧的沉淀。教育随笔的特色就在一个"随"字——随便、随时、随手、随心。

当然，我们在写教育随笔时，也要注意以下几点：

（1）立意要新。你所写的教育心得体会不仅要自己觉得有新意，而且要让别人看后也觉得耳目一新，不可重复别人的观点，要有自己独特的视角。

（2）列举实例要具体生动。在举例时一定要把事实讲明白，使读者看后既懂，又能学以致用。

（3）要做到小中见大。能从个别具体的事例出发，体现出一般规律。注意把中心思想集中到一点上来，反映较深刻的问题和道理。使读者透过现象看本质，通过个性看共性。

（4）文章结构可多样化。教学随笔没有一个固定的格式。常见的有借事说理、夹叙夹议等形式。借事说理指作者要着力描写一个事件，不用太多的语言去发议论，做点评，把一件事情写清楚，文章的结尾有个简单的点题就可以了。夹叙夹议指作者在叙述一个事件的同时，发表自己的见解，一边叙述一边评论，也可以是把事件先叙述完，再做评论。

最重要的一点是，要想写好随笔，关键还在于动笔，动笔写了，才能有好的随笔。只要我们坚持每天、每周挤时间写一点，日积月累，必将在少先队工作征途上留下自己成长的轨迹。

（二）论文选题的三条黄金法则

论文写作也是辅导员的一项很重要的专业技能，其中，选题又是写好论文的重要一环。俗话说：题好一半文。论文选题是撰写论文的起点，是解决写什么的问题。选题的优劣好坏，直接涉及论文的学术价值，如果选题不当，论文就没有多大价值，甚至可能"流产"。因此选题必须恰当有效，这是论文成败的关键。选题时要把握以下三条重要原则。

1. 写他人所未写——创新性原则

论文的选题贵在创新。论文只有写他人所未写，写出新意，才能令读者眼前一亮，激起其欲罢不能的阅读欲望，才能给人以新的启迪和思考。一篇论文如果毫无作者自己的新想法、新发现、新观点，只是人云亦云的简单照搬或重复，也就失去了论文的意义。我们可以：

（1）开拓新领域。从那些还没有人或者很少有人研究的领域来获取论文的选题。

（2）提出新观点。可就某个问题提出作者新的见解和观点。提出新观点可以分为三种情况：①填补空白型——就某个尚未有明确的结论与观点的问题进行分析与探讨，形成相对明确的观点，以填补空白；②补充说明型——某个问题虽已有一定的结论，但你觉得尚不够完整、仍有话说，便可对此进行补充分析，加以完善，形成论文；③纠正批驳型——认为某个问题的观点和结论值得商榷，便可以此为选题撰写论文，提出自己的新观点。

（3）找到新角度。在别人已经写过的材料中找到新的角度，发现新的意义，提出新的不同的观点。

论文的"新"主要是指观点新、材料新、方法新、角度新。

2. 写自己所能写——可行性原则

坚持可行性原则，是论文选题成功的重要条件，也是辅导员能写出高质量论文的前提和重要保证。

首先，要选择自己留心思考、认真研究过并有所收获的问题。没有实践基础或虽有实践但无收获体会，是写不出好文章的。

其次，要选择自己对此有浓厚研究兴趣的问题。选择自己感兴趣的，可以激发自己研究的热情，调动自己的主动性，以专心、细心、恒心和耐心的心态去完成论文的撰写。因此，在考虑论文的选题时要结合自身的实际条件、能力范围、工作情况和自己平时的所做、所看、所思，扬长避短，做到"写自己所能写"。从自己的优势中选题（发挥自己的特长和优势）；从自己的成功处选题（选择实践中比较成功的做法）；从自己的关注点选题。论文往往始于问题，是辅导员对某个问题长时间思考的结果，建议一年关注一个问题。

3. 写实践所欲写——实践性原则

论文的选题范围，一般有两个方面：基础理论（纯理论）研究和应用研究（工作实践研究）。作为基层辅导员，我们在论文的选题上应该选择后者。

（1）研究实践中的问题。对实践中碰到的各种问题，必须进行自己的思考，做出自己的回答，这个回答就是论文的选题。

（2）反思实践中的得失。反思是促进辅导员专业发展、提高素质的重要途径。可以是对自己实践的反思，也可以是对他人实践的剖析。

（3）总结实践中的经验。作为辅导员，仅仅埋头工作显然是不够的，必须要善于总结实践中的经验，把自己在实践中体会到的、观察到的、领悟到的点点滴滴，及时记录下来，加以研究和总结，并用文字系统地表述出来。

选择自己长久思考并有着第一手实践经验的论题，这样容易写出特色和水平。

也有人提出了论文的五个理想选点：把你最感烦恼的问题作为选点；把你最感兴趣的问题作为选点；把你获得成功的方法作为选点；把引起你警觉的现象作为选点；把震动过你的新理念作为选点。

当然，我们还要注意，选题一般不宜过大，即切口要小，小易深，大易空。选题过大，道理讲不清说不透，最好是截取某一个小问题或某一个大问题的一个侧面来写，把道理说清楚，使人们看后得到启发，受到教益。我们必须遵循一个原则："宁凿一口井，不挖一条沟"。

（三）辅导员写作的四条重要建议

1. 写必先读

经常阅读别人的教育文稿，既可以指导自己的教育实践，也可以从中获得一定的启示，触发自己写作的灵感。阅读，当然不是为了跟着别人去写，阅读的目的是为了借鉴和联想，发现他人尚未说到的东西或提出质疑。如，有时我们可以结合自己长期积累的知识和实践经验，对别人的文章提出疑问，在疑问中寻求不同的思想、不同的理论、不同的方法，选取与别人不同的角度和思路去写作。同时，阅读刊物可以激发或增强你的写作动机。还能了解各刊物的特色、栏目内容、论文的格式及语言表达等写作上的问题，获得有关撰稿、投稿的一些信息，以避免稿件的相似性和投稿的盲目性。阅读与练笔是辅导员写作的动脉和静脉。

2. 养成积累资料的习惯

辅导员写作一定要做"草根"研究，而不是"宏大"叙事。为此，我们平时要注意不断积累资料，工作实践中要多留心。其实对于我们少先队工作第一线的辅导员，日常的工作状态就是素材积累和产生的重要场所。少年儿童询问的问题、反映出来的问题是我们的第一手资料，这些资料往往引发我们去思考、去研究。深入队员群体是我们进行写作的原动力和策源地。

3. 要素要齐全，格式要规范

一篇论文一般包括题目、作者署名、内容摘要、关键词、绪论（引言）、正文、结论和参考文献等八个要素。一篇教育案例一般包括标题、背景或缘起、过程或情境描述、反思与讨论等四个要素。调查报告一般包括调查的背景和目的、调查的内容和方法、调查的结果和分析、我们的对策或建议等基本要素。

不管写什么类型的文章，都要做到要素齐全、格式规范。而且要注意语句通顺流畅，用词科学准确，语言简洁精练。

在文章的末尾一般还要列出在撰写过程中，参考和引用了哪些文献资料。写上这一部分，既反映出作者的科学态度和求实精神，也表示对别人研究成果的重视。

4. 要踊跃投稿

文章只有发表才能广泛交流，才有更大程度上转化为成果的可能。因此，文章一旦完成，就要想办法尽快发表。我们投稿要讲究技巧：字数最好控制在3000字左右；要善于把握刊物的征稿信息，看准"门当户对"的几本刊物去投；要善于抓住编辑的心理，"投其所好"。建议大家要根据自己的文章找准栏目，寄往分栏目邮箱，如认识编辑，就直接寄往编辑个人的邮箱，这样刊登出来的机会会更大。

经验分享

少先队工作相关刊物最新有效投稿电子信箱

《辅导员》：fdyzyx2007@126.com（理论）；94zd@sina.com（经验、活动）；fdywjh@126.com（方法、征文）；fdylch@126.com（任务、方法）

《少先队活动》：shxd1013@163.com

《少年儿童研究》：shaoer2009@sina.com

《少先队研究》：sxdyj01@126.com

《中国德育》：zgdy@cjme.cn；zhgdeyu@163.com

《小学德育》：xiaoxuedeyu@163.net

《教学与管理》：（小学版）jxyglxxb@sohu.com

《班主任之友》：bzrzy@263.net

六、研究，也可以很快乐

少先队辅导员要不要开展研究，这个问题早已有了明确的答案。"教师即研究者"，"研究是提升辅导员专业素养的一条重要途径"已经得到共识。研究能使辅导员的工作摆脱盲目性，增强理性；研究是每位辅导员拥有科学的思维方式、促进专业化发展的基点；研究是辅导员实现"跨越式"成长和取得工作业绩的"秘诀"。

现在的问题是：辅导员通过什么样的研究和怎样研究，才能有效地解决自己实际工作中的问题，提升自己的专业水平？

（一）研究什么——研究的价值取向

一个有品位的辅导员要善于从自己切实的教育经验和教育实践出发，提出问题，开展教育科研。问题始终是研究的起点。在辅导员开展研究的价值取向上，需要强调以下三个选择研究课题的基本原则：

（1）有意义——研究要以"解决实际问题，改进实际工作，优化教育效

果，提升工作经验"为直接目的；以"转变教育观念，强化理性意识，端正研究态度，提高研究能力"为间接目的；以"促进队员、辅导员和少先队共同发展"为终极目的。研究的问题是少先队工作中迫切需要解决的比较重大的现实问题，研究的结果能够推动工作的创新和发展，提高工作质量，不能为了"研究"而"研究"，也不能为了名利而"研究"。有意义即"有价值"。

(2) 有创新——教育科研贵在创新。创新是所有科研活动的共同追求。有创新即"有新意"。我们可以从新问题中找到新思想、新角度、新思路；也可以从老问题中产生新理念、新途径、新经验；还可以从浅研究中发现新观点、新方法、新规律。创新是一切课题的基本特征。没有新意，研究它做什么？学习他人已经创造的经验就可以了。科研的生命在于创新。对于基层少先队辅导员来说，有点滴创新，内容、方法、角度有一些新意，也是一种创新。

(3) 可行性——研究的问题是自己有能力操作的，即"可操作"。有的课题大而空，听起来雄心勃勃，做起来束手无策，开题时热热闹闹，实施过程冷冷清清，结题时东拼西凑，并无扎实的效果。凡是课题比较小，针对性强，工作扎实的，大都取得了好效果。所以，科研课题要小一点，不宜过大，这有利于把课题做得深入和实在些，做出与众不同之处。

我们还可以从课题指南中选题；从特色优势中选题；从教育实践中选题；从热点焦点中选题；从地区资源中选题；从课题延续中选题；从龙头课题中选题。

（二）怎样研究——研究的过程和方法

怎样研究主要涉及研究方法、研究过程和研究规范等基本问题。

1. 少先队课题研究的一般过程

课题研究的过程，一般分为三个阶段：准备阶段、实施阶段、总结阶段。准备阶段是课题研究的起始阶段，是课题研究的奠基工程。实施阶段是根据研究方案采取教育行动获得教育效果的阶段，是课题研究中最具体、最富创造性的阶段。总结阶段是课题研究的最后阶段，是收获科研成果的阶段。

在准备阶段中，应精心做好以下几项工作：选择研究课题；查阅有关文献；做好调查研究；进行课题论证；制订研究方案；培训研究队伍。

实施阶段的主要任务有：制订执行计划；开展研究活动；收获阶段成果；积累研究资料；进行中期检查。在开展研究的过程中，要体现研究手段的多样化：可以开展网络教研、网上论坛；可以通过摄像、录音等手段，运用视频记录活动案例，跟踪活动全程；可以通过现场观察、记录等开展分析研究；可以举办课题研讨活动，通过"观点报告"、"辅导员沙龙"、"主题论坛"、"专题研讨"、"活动展示"、"活动设计与点评"、"活动实录与分析"、"论文交流"等形式，在交互研讨中得出结论。

总结阶段的主要工作有：检测教育效果；进行全面总结；撰写结题报告；鉴定研究成果。

2. 研究的基本方法

基于少先队辅导员专业发展的课题研究的方法主要有如下三种：

（1）行动研究法。"行动"主要是指辅导员为解决某个问题而专门设计的有目的、有创新的措施，"研究"则主要是指辅导员的探索活动。行动研究则是把两种活动有机地结合起来，一边探索一边行动，一边行动一边探索，从实际问题出发，通过研究、实践，解决问题，探索新理论，然后进一步指导实践。

有学者归纳出行动研究法的三项主要特征：①为行动而研究。研究的目的不是构建系统的学术理论，而是解决辅导员所处的情境中遇到的问题。研究目的具有实用性，问题的解决具有即时性。②在行动中研究。行动研究的环境就是辅导员所处的工作情境，并非经过特别安排或控制的场景。行动研究的研究过程，即辅导员解决问题的过程，是一种行动的表现，也是辅导员学会反省、问题探究与问题解决能力的过程。③由行动者研究。行动研究的主体是辅导员，而不是外来的专家学者。专家学者参与研究，扮演的角色是提供意见与咨询，是协作者，而不是研究的主体。

从目前的情况看，行动研究法已经变成许多一线辅导员及少先队工作者研究的常用方法。许多研究者不再拘泥于具有严格程式化的实验法、观察法等方法的研究，而是将行动（少先队工作）与研究紧密结合，灵活运用多种研究方法进行研究。

（2）叙事研究法。叙事研究的基本特点是研究者以叙事、讲故事的方式表达对教育的理解和解释。它不直接定义教育是什么，也不直接规定教育应该怎么做，它只是给读者讲一个或多个教育故事，让读者从故事中体验教育是什么或应该怎么做。教育叙事研究特别适合于一线辅导员。因为一线辅导员的生活是由事件构成的，这些事件就如同源于辅导员经验的短篇故事。对教育事件的叙说，能使辅导员看到平时视而不见的例行事项的意义，并把自己遇到了什么问题、怎样遇到这个问题和怎样解决这个问题的整个过程叙述出来。

(3) 个案研究法。个案研究法是指对某一个体（一名少先队员或少先队辅导员）、某一群体（一个中队或小队）或某一组织（如少先队社团组织）、某一次活动（组织教育活动、队会活动、主题活动、阵地活动）有针对性地进行个体的干预，从而研究其行为发展变化的全过程，这种研究方法也称为案例研究法。

目前的教育科研大多数是以群体为研究对象的，少则几十人，多则几百人，而个案研究的对象是单一的个体，因此，个案研究是群体研究的非常必要的补充。

(三) 在研究的状态下工作

在研究的状态下工作的辅导员，不是为了做课题而做课题，为了研究而去研究，它是将研究的状态和研究的意识渗透到工作中，脑海里总是在萦绕着诸如"是什么、为什么、怎么办"或者"什么问题、是何原因、如何解决"等一连串的问题。在不断地发现问题、分析问题、解决问题的过程中将工作上升到更高效的层面，享受色彩斑斓而且"一劳永逸"的快乐。

"在研究的状态下工作"，有利于辅导员成为反思型的辅导员。因为它善于从教育、管理中发现问题，针对问题进行反思，在反思中增强辅导员对问题的判断力，从而认清对少先队工作形势的分析，用批判的眼光审视教育的问题。

"在研究的状态下工作"，有利于克服辅导员的职业倦怠问题，广大辅导员在研究的状态下工作，总要找到工作的兴奋点。对一个接一个的问题进行研究，能体验职业的兴奋点，有利于焕发辅导员自主发展的意识，自主地、主动地应对教育的问题，避免盲从。

总之,"在研究的状态下工作",有利于辅导员由职业型向事业型发展,由经验型向研究型发展。

(四)倡导小课题研究

对基层中队辅导员而言,应该更多地采用"小课题研究"的方式来进行教育科研。小课题研究是指研究者在已有的成功经验或迫切需要解决的具体的教育实践问题中,选择研究范围比较微观、研究内容比较具体、研究切口比较小、研究周期比较短,容易操作且有兴趣、有能力完成研究任务的课题进行科学研究的一种课题研究方式。

"小课题研究"具有以下基本特点:第一,近。贴近生活,贴近实际,平常,朴实无华,每个人都可以做,有利于大家参与。第二,实。从实践中来,为实践服务。第三,小。切口较小,内容单一。研究的问题集中到具体的一点或者一个方面去突破。第四,活。自由选择,自主性强。是个人课题,个性化的课题,可以自己做主开展研究的课题。第五,快。研究时间短,见效快,成果出得快。

小课题研究不追求问题的宏大、高深,也不追求研究过程的严密性和技术性。而且研究的成果不一定是长篇大论的课题研究报告,可以是一篇论文或几个教育叙事和案例。小课题研究朴实、简单,易操作,可以使课题研究生活化、工作化、常态化,是辅导员踏上"幸福的研究路"的必经之路。

著名英国哲学家维特根斯坦说:"我贴在地面步行,不在云端跳舞。"所谓"贴地步行",是指一步一个脚印,踏实而沉稳,具有现实感。所谓"云端跳舞",则是指手舞足蹈,浮躁而轻率,过于理想化。"贴地步行"与"云端跳舞",其实是人生的两种态度,前者比后者要辛苦,后者比前者要吸引人,但事实上前者的人生比后者更成功。

辅导员专业素养的提升是一个"功到自然成"的过程,是一个自我认识与自我努力的过程,是一个需要脚踏实地"贴地步行"的过程。

成功是一步一个脚印走出来的,而回头看看成功者们的脚印,你会发觉那是恰似云端之舞的舞步。

主要参考文献

[1] 段镇．少先队学 [M]．上海：上海人民出版社，2008．

[2] 段镇．段镇少先队教育文集 [M]．上海：少年儿童出版社，2000．

[3] 高洪，主编．面对专家听讲座 [M]．北京：新华出版社，2004．

[4] 郭元祥．教师的 20 项修炼 [M]．上海：华东师范大学出版社，2008．

[5] 李明高，编著．教师最关键的 18 项修炼 [M]．南京：江苏人民出版社，2008．

[6] 林日青，主编．创建品牌学校 [M]．北京：华龄出版社，2006．

[7] 林子云，柯英，主编．少先队雏鹰行动丛书 [M]．北京：中国少年儿童出版社，1996．

[8] 钱焕琦，唐云增，杨培麟，主编．少先队辅导员专业化的理论与实践 [M]．北京：科学技术文献出版社，2005．

[9] 全国少工委办公室，主编．2005 年度全队调研奖获奖论文汇编 [M]．北京：中国青年出版社，2006．

[10] 全国少工委办公室，主编．2006 年度全队调研奖获奖论文汇编 [M]．北京：中国青年出版社，2007．

[11] 全国少工委办公室，主编．21 世纪少先队工作丛书 [M]．北京：中国少年儿童出版社，2002．

[12] 少先队北京市工作委员会，主编．北京少先队理论研究成果集 [M]．北京：红旗出版社，2006．

[13] 沈功玲．沈功玲少先队教育文集 [M]．上海：少年儿童出版社，2000．

[14] 团中央《辅导员》杂志社，主编．少先队活动大全 [M]．北京：中国少年儿童音像电子出版社，2009．

[15] 吴云清，主编．少先队组织教育概论 [M]．北京：中国少年儿童出版社，2006．

[16] 徐旭，主编．世纪之初少先队工作新探索 [M]．杭州：浙江大学出版社，2007．

[17] 张成明，林小洪，张培俊，主编．少先队活动丛书 [M]．北京：中国少年儿童出版社，1999．

[18] 张先翱，吴凯，主编．少先队活动科研成果集 [M]．上海：上海科学普及出版社，2006．

[19] 张先翱．张先翱少先队教育文集 [M]．北京：中国少年儿童出版社，2003．

[20] 张杏云，编著．少先队工作 ABC [M]．大连：大连出版社，2006．

[21] 中国少年先锋队全国工作委员会，中国少年先锋队工作学会，主编．中国 少年先锋队大全 [M]．北京：中国少年儿童出版社，2005．

[22] 中国少先队工作学会，编著．新时期少先队活动集萃 [M]．北京：中国青年出版社，2009．

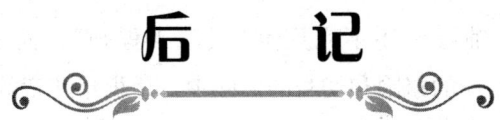

后　　记

　　回望少先队辅导员职业的发展历史，有一个从"随意化"到"经验化"再到"专业化"的递进过程。当今社会变革的加剧和发展的迅猛，使少先队辅导员专业化的理论和实践越来越受到人们的关注和重视。辅导员专业化建设已成为少先队教育改革与发展的一个中心议题。人们比任何时候都更充分地认识到辅导员的专业化发展已严重制约着少先队教育改革的进程。如何提高辅导员群体的"质"，已经成为人们普遍关注的重要问题。

　　从辅导员个体的发展过程来看，不外乎是初涉少先队工作的"新辅导员"到具有丰富经验的"老辅导员"到开创少先队工作新品牌的"优秀辅导员"的持续过程。这个发展过程的核心就是辅导员的专业成长。优秀辅导员专业成长的路径是多元的。培养、培训是辅导员专业发展的外生力量。而辅导员自身的修炼则是一种最具活力的内生源泉。这种基于辅导员主体不断学习、不断实践、不断反思、不断交流、不断研究的修炼过程，是促进辅导员个体发展，提升辅导员群体质量的根本保证，更是激活辅导员职业内涵，提升辅导员职业价值的必然选择！

　　优秀少先队辅导员的"优秀"有多重含义，而且优秀辅导员的成长是伴随着他们个体职业生涯的社会化过程而进行的。

　　在新的历史时代背景下，优秀少先队辅导员不应只做"蜡烛"，而要做"节能灯"——以更有效的方式为少年儿童的发展和自身的成长不断充电。做"节能灯"，就要时刻保持终身学习的观念，不断更新教育的方法。

优秀少先队辅导员也不应只做"装水的水桶",而要做"挖泉人"——对具有不同个性的少年儿童进行不同的引导、教育,使其智慧、能力如同泉水般喷涌而出。做"挖泉人",就要有一双善于发现的眼睛,有一颗爱童如爱子的心灵。

优秀少先队辅导员还不应只做"灵魂工程师",而要做"心灵激发者"——在充满激情的氛围和切身的体验中,让少年儿童的潜能得到唤醒、激发和升华。做"心灵激发者"就要充分发挥"导"的作用,不仅要大胆放手,把时间和空间还给队员们,让他们充分地动手、动脑、动口,还要和队员们打成一片,做他们的良师益友,参与到活动中。

优秀少先队辅导员更不应只做"园丁",而要做"太阳能"——以永恒的能量和生命的创造力为少年儿童的发展播撒光和热。做"太阳能",就要有博大的胸怀和不竭的动力,要时刻让自己有"工作着,快乐着"的感悟。

《优秀少先队辅导员的八项修炼》就是想给广大的辅导员们一些启迪和思考。

本书力求切合辅导员专业化建设的具体要求,涵盖辅导员专业素质和技能的各个方面,注重理论和具体实践的有机结合。为此,本书吸收了许多少先队工作专家和一线辅导员的研究成果,并选用了他们精彩的案例作为"经验分享"板块的具体内容,力图既给辅导员以理论上的提升,又为大家提供实践上的操作策略和具体可行的典型案例。

在本书的编写过程中,许多专家、学者、同事、朋友提出了许多富有建设性的指导意见,给予了许多实质性的帮助。本书的出版得到了中国轻工业出版社万千教育编辑部吴红主任的鼎力相助。在这里,深表感谢。

我要特别感谢团中央《辅导员》杂志社总编柯英老师,她欣然为本书写序,让我感动万分。还要特别感谢北京市少先队工作学会副会长、原北京市总辅导员王延风老师,中国少先队工作学会活动专业委员会副主任张杏云老师,中国少先队工作学会活动专业委员会科研总指导吴剀教授,浙江省少工委副主任、浙江省少先队总辅导员魏慈瑛老师和浙江省绍兴市少先队总辅导员朱秀彬老师,他们对本书的肯定让我备受鼓舞;他们对本书提出的极具价值的建议,让我受益匪浅。在此,让我以最虔诚的情意向这些鼓励、提携、指导、帮助过我的长者、仁者、智者表示最为真切的谢意!

在编写过程中,本书借鉴、融合了一些专家和辅导员的案例与观点,但由于时间仓促和联系方式的原因,未能一一与原作者沟通,期望相关读者能及时与编者联系,以示谢意。由于编者水平和时间精力所限,本书一定存在许多疏漏和不当之处,恳请读者批评指正。

谢金土

于 2010 年 5 月